Jost Hindersman

John le Carré. Der Spion, der zum Schriftsteller wurde

Portrait und Bibliografie

Bibliografie unter Mitarbeit
von Thomas Przybilka

NordPark · *KrimiKritik*

Die Autoren

Jost Hindersmann

Studium der Literaturwissenschaft (Anglistik) und Geschichte an der Universität Osnabrück, Magister Artium, Promotion mit einer Arbeit über den britischen Spionageroman (DER BRITISCHE SPIONAGEROMAN: VOM IMPERIALISMUS BIS ZUM ENDE DES KALTEN KRIEGES, Darmstadt: Wissenschaftliche Buchgesellschaft, 1995), anschließend Referendariat für den Höheren Dienst an Wissenschaftlichen Bibliotheken, derzeit Fachreferent an der Universitätsbibliothek Osnabrück. Mehrere Veröffentlichungen zur Kriminalliteratur, zur englischen Literatur sowie zum Buch- und Bibliothekswesen. Freie Mitarbeit beim Rowohlt-Verlag, bei RECLAMS KRIMI-LEXIKON und beim LEXIKON DER KRIMINALLITERATUR. Mitgliedschaften: MLA, Deutscher Anglistenverband, MHRA, VDB. Homepage: www.jost-hindersmann.de

Thomas Przybilka

verdient seinen Lebensunterhalt als Buchhändler. Er ist langjähriges Mitglied der *Autorengruppe Deutschsprachige Kriminalliteratur Das Syndikat*. 1989 baute er das international bekannte *Bonner Krimi Archiv (Sekundärliteratur)* [BoKAS] auf. Zahlreiche Publikationen zur Kriminalliteratur in Fachanthologien und -magazinen im In- und Ausland. Kriminalgeschichten in Deutschland, Bulgarien und Spanien. Letzte Buchveröffentlichungen: KRIMIS IM FADENKREUZ. Eine Auswahlbibliographie der deutschsprachigen Sekundärliteratur. 1998, Köln, Baskerville Verlag; SIGGI BAUMEISTER ODER EINE VERFOLGUNG QUER DURCH DIE EIFEL. DIE EIFEL-KRIMIS DES JACQUES BERNDORF. Mit G. Lehmer-Kerkloh und A. Ixfeld. 2001, Wuppertal, NordPark Verlag (**KrimiKritik 1**).

John le Carré. Der Spion, der zum Schriftsteller wurde

Inhalt

Vorwort

Mit dem hier vorliegenden Band wird die Reihe *KrimiKritik* im Nordpark Verlag fortgesetzt. Thema des Bandes ist der wohl bekannteste Spionageromanautor, David Cornwell alias John le Carré. Obwohl bereits eine Fülle von Literatur über ihn vorliegt, darunter mehrere englischsprachige Bücher, Dissertationen sowie eine kaum noch zu überblickende Zahl an Artikeln und Rezensionen, gibt es noch keine deutschsprachige Monografie, in der Leben und Werk des Autors thematisiert werden.

Die vorliegende Studie verfolgt zwei Zielsetzungen: Der erste Teil, das Portrait, soll den Leser in das Leben und Werk von John le Carré einführen. Die Hauptthemen seiner Romane werden kurz vorgestellt und am Beispiel einiger ausgewählter Werke diskutiert. Der zweite Teil, die Bibliografie, soll dem Leser einen Überblick über die umfangreiche Sekundärliteratur zu John le Carré verschaffen.

Gemäß dem Ziel der Reihe *KrimiKritik* wendet sich dieser Band sowohl an den allgemeinen Leser, der sich für Le Carrés Spionageromane interessiert, als auch an den Literaturwissenschaftler. Das Portrait ist bewusst für den allgemeinen Leser verfasst; auf literaturtheoretische Überlegungen wurde ebenso verzichtet wie auf umfangreiche Fußnoten. Bei Zitaten aus seinen Romanen werden die deutschen Übersetzungen benutzt, bei Zitaten aus sonstigen Veröffentlichungen von Le Carré wird ebenfalls – sofern vorhanden – die deutsche Version herangezogen. Alle, die sich intensiver mit diesem Autor befassen wollen, können sich mit Hilfe der Bibliografie weiter in das Leben und Werk von John le Carré einarbeiten.

Dank geht an erster Stelle an Thomas Przybilka (BoKAS), der nicht nur die Bibliografie miterstellt, sondern auch das Projekt von Beginn an unterstützt hat. Dank für Korrekturen und Unterstützung geht an viele Freunde und Kollegen, besonders an Monika Glaßner (Recke), Antje Lipphardt (Universität Osnabrück), Gundula Wilke

(Osnabrück). Dank für die Beschaffung von Rezensionen geht an Renate Will (Stadt- und Landesbibliothek Dortmund, Autorendokumentation), Michaela Puchberger (Zsolnay), Nina Wedekind (Kiepenheuer & Witsch), Gabriele Roock und Claudia Schmitt (List).

Osnabrück, Juni 2002
Jost Hindersmann

Jost Hindersmann

John le Carré – ein Portrait

Ein britischer Spion wartet am Grenzübergang in Berlin auf seinen Informanten, doch der stirbt beim Grenzübertritt im Kugelhagel. Einige Zeit danach geht der britische Spion selbst in die DDR, um seinen Gegenspieler bei der Stasi auszuschalten, und wird in einem atemberaubenden Finale schließlich an der Berliner Mauer erschossen. Diese Geschichte vom Spion, der aus der Kälte kam, machte John le Carré über Nacht weltberühmt.

John le Carré ist es im Gegensatz zu seinen literarischen Mitstreitern wie Ian Fleming oder Len Deighton sogar gelungen, nicht nur als Autor von Spionageromanen, sondern auch als Autor ernsthafter Literatur gewürdigt zu werden. So behauptet etwa John Halperin: »John le Carré is the only writer of espionage ›thrillers‹ today who is also a writer of literature« (›Between Two Worlds: The Novels of John le Carré‹, *South Atlantic Qarterly* 79 (1980)). Michael Vestey unterstreicht diese Aussage im *Spectator*: »I think Le Carré is one of the finest of British post-war novelists. Curiously, some have dismissed him as a superior thriller writer, which of course he is, but he is also much more.« (›Confusion of Loyalties‹, *The Spectator* 13. 2. 1999) Das deutsche Feuilleton überschlug sich anlässlich des 70. Geburtstages von Le Carré geradezu in Lobeshymnen. Die *Welt* bescheinigte ihm, dass »Komplexität und Tiefe« seiner Werke deren literarischen Rang ausmache und seine Romane »turmhoch über den meisten Thrillern und über vielen anderen Büchern auch« (Kreitling, ›Das strahlende Grau‹, *Die Welt* 1. 10. 2001) stünden. Und die *Frankfurter Allgemeine Zeitung* nannte ihn schlicht »König ohne Konkurrenz« (Ingendaay, ›Eine Art Held‹, *FAZ* 19. 10. 2001).

Im folgenden sollen in groben Zügen seine Biografie und seine Romane vorgestellt werden. Anschließend werden die wichtigsten Themen seiner Spionageromane über den Kalten Krieg analysiert und danach die Entwicklung nach dem Ende des Kalten Krieges untersucht.

Biografie

David John Moore Cornwell, so der richtige Name von John le Carré, wurde am 19. Oktober 1931 in Poole, einer kleinen Küstenstadt in Dorset, geboren. Der dominierende Einfluss in seiner Kindheit war sein Vater Ronald »Ronnie« Cornwell, der als 14-jähriger die Schule verließ und fortan ohne Gewissensbisse als Hochstapler und Betrüger von Schwindeleien lebte. Er gründete Hunderte von Firmen, ging mehrfach bankrott, hatte Millionen Schulden, und wurde zu Haftstrafen auf zwei Kontinenten verurteilt. Er war ein Mann, der standesgemäß beim Pferderennen in Ascot auftreten konnte, mehrere Hausangestellte hatte, Auslandsreisen in großem Stil unternahm, falsche Titel trug und doch kein Geld hatte. Literatur spielte im Haus Cornwell keine Rolle. Ronnie gab damit an, dass er nie ein Buch gelesen habe. Seine beiden Söhne, David und den zwei Jahre älteren Tony, bezog er in seine kriminellen Geschäfte mit ein. So schickte er sie zum Beispiel nach Paris, um dort in einem Hotel seine Golfschläger abzuholen, erwähnte aber nicht, dass er sie als Pfand für eine unbezahlte Rechnung zurückgelassen hatte. Davids Mutter Olive brannte mit einem Geschäftspartner von Ronnie durch, als David gerade fünf Jahre alt war. Ronnie behauptete gegenüber seinen Söhnen, ihre Mutter sei gestorben. Erst 15 Jahre später erfuhr David, dass seine Mutter noch lebte und traf sie auf einem Bahnsteig in Ipswich kurz wieder. Er verstand die Gründe für ihre Flucht nicht und beschloss, den Kontakt mit ihr abzubrechen, dennoch sorgte er finanziell für sie und kaufte ihr ein Haus. Ronnie, der stets viele Geliebte hatte, heiratete später noch zwei Male. Aus diesen Ehen stammen eine Halbschwester und ein Halbbruder von David.

David Cornwell hat im Fragebogen der *FAZ* vom 25. 6. 1993 seine Herkunft als sein größtes Unglück und zugleich sein größtes Glück bezeichnet. Denn so unglücklich er in seiner Kindheit auch war, so lieferte seine Kindheit und die Beziehung zu seinem Vater ihm doch den Stoff für seine späteren Romane. Rückblickend sieht Cornwell seine Kindheit als erste Stufe seiner Karriere als Spion. Er spionierte Ronnie nach und Ronnie spionierte seinen Kindern schamlos nach. Der Vater öffnete heimlich Davids Post und hörte seine Telefongespräche ab, David durchsuchte im Gegenzug die Taschen seines Vaters. Für David war es …

> […] ungefähr das gleiche, ob man Ronnies Sohn war oder für einen Ein-Mann-Nachrichtendienst arbeitete. Entweder man spionierte für ihn, oder man spionierte ihm nach. Manchmal tat man auch beides zugleich. Er hatte seine sicheren Häuser. Er hatte Tarngeschichten, die ich in Gegenwart seiner zahlreichen Damenbekanntschaften zu bestätigen hatte, und das tat ich auch. (MEINEM VATER NACHSPIONIEREN, *du* 3/1988)

Mehrere Vaterfiguren in Le Carrés Romanen sind Abbilder Ronnies, ja, das Verhältnis zu Ronnie hat sein gesamtes Leben und Werk geprägt. Wie er selbst eingesteht, war »mein unwirklicher Kampf gegen die Dämonen des Kommunismus zumindest teilweise die Fortsetzung meines heimlichen Kriegs gegen Ronnie […], nur mit anderen Mitteln.« (MEINEM VATER NACHSPIONIEREN, *du* 3/1988) Das komplexe Verhältnis zu seinem Vater konnte David erst nach dessen Tod richtig aufarbeiten. Seinen Roman EIN BLENDENDER SPION kann man als eine Art fiktionaler Autobiografie lesen.

Da Ronnie wollte, dass seine Kinder es einmal besser hätten als er, schickte er sie (getrennt voneinander) auf standesgemäße Schulen. Der junge David besuchte zuerst St. Andrew's Preparatory School in Pangbourne und dann Sherborne School, eine strenge, snobistische *public school*, deren Klima von Bigotterie und Repression bestimmt war. Schon kleinste Vergehen wurden mit Prügelstrafen geahndet. David fühlte sich dort einsam und entwickelte sich zum Einzelgänger. Da er den wahren familiären Hintergrund verschweigen musste und ihm bewusst war, dass er eigentlich nicht dazugehörte, fühlte er sich wie ein Spion im Feindesland. Den Konflikt zwischen Individuum und Organisation, eines der Hauptthemen seiner Romane, erlebte er hier am eigenen Leib. Die Erfahrungen seiner Schulzeit hat er in seinem Roman DAME, KÖNIG, AS, SPION verarbeitet, denn die Figur des Bill Roach, eines Außenseiters, der unter der Trennung seiner Eltern leidet, aber ein sehr guter Beobachter ist, kann man als Porträt des jungen David sehen. Die Lehrer wurden mit ihrem militärischen Rang angesprochen, und die Erziehung in der Schule lief im Geist des Empires ab. Historisch gesehen gehörte David Cornwell zu der letzten Generation von Schülern, die ausgebildet wurden, um Führungspositionen im britischen Empire zu übernehmen. Doch als sie die Schule verliessen, war das Empire bereits zerbrochen. Auch dieses Motiv der betrogenen Generation hat er in seinem Werk verarbeitet.

> I think that I belong almost to the last of that particular generation who still, after the war, were being advised by their career masters at public school to go and govern India, Kenya, the Sudan or where you will. We really were brought up to believe that we were the best and brightest, that we'd inherit the mantle of postwar imperialism, that we were the people for whom the war had been fought and now the earth was ours and we had a great duty to run it decently. And, of course, within 15 years of that, we realised that our problem was not to run the world but to come to terms with the world running us. (Vaughan, ›Le Carré's Circus: Lamplighters, Moles and Others of that Ilk‹, *The Listener* 13. 9. 1979)

Entgegen Ronnies Anweisungen verließ David im Alter von 16 Jahren die Schule vorzeitig und zog zu Verwandten in die Schweiz. Er wollte kein Engländer mehr sein und weigerte sich sogar, englisch zu sprechen oder sich als Engländer zu erkennen zu geben. An der Universität Bern schrieb er sich für Germanistik ein und verliebte sich in die deutsche Kultur. Zu seinen bedeutendsten Erlebnissen zählte eine Begegnung mit Thomas Mann. Cornwell suchte ihn nach dessen Rede zum 200. Geburtstag Goethes 1949 hinter der Bühne auf. Auf Manns Frage, was er wolle, antwortete er: »Ihnen die Hand schütteln«. Mann erwiderte trocken »Hier ist sie«. In der Schweiz begann auch Cornwells langjährige Beziehung zum britischen Geheimdienst: Der Auslandsnachrichtendienst MI6 nahm Kontakt zu ihm auf. Obwohl Cornwell nur für kleinere Kurierdienste eingesetzt wurde, sah er sich als den größten Spion der Welt, eine männliche Variante von Mata Hari. Im Dezember 2000 behauptete der Ex-KGB-Agent Michail Lyubimov, dass der KGB schon damals wusste, dass Cornwell für den britischen Geheimdienst arbeitete. Und zwar soll niemand anderes als der Doppelagent Kim Philby ihn verraten haben, eine Behauptung, die Cornwell vehemenet dementiert (Atticus, ›Was Philby the Spy who had Le Carré Cold?‹, *The Sunday Times* 17. 12. 2000). Nach seinem Aufenthalt in der Schweiz wurde Cornwell zum Wehrdienst eingezogen und erhielt wegen seiner guten Deutschkenntnisse einen Posten beim *Intelligence Corps* der Armee in Österreich. Zu seinen Aufgaben gehörte es unter anderem, Flüchtlinge aus dem Ostblock zu verhören. Hier sammelte Cornwell seine ersten eigenen Erfahrungen mit dem Kalten Krieg.

Nach seinem Militärdienst kehrte Cornwell nach England zurück, nahm sein Studium wieder auf und schrieb sich für Neuere Literatur am Lincoln College in Oxford ein. Lange Zeit hielt sich hartnäckig das Gerücht, er habe in dieser Zeit linksgerichtete Kommilitonen bespitzelt. Erst Ende 2000 gab Cornwell zu, tatsächlich im Auftrag des MI5 kommunistische Zirkel an der Universität ausspioniert zu haben, denn der Geheimdienst fürchtete, Oxford könne – ähnlich wie Cambridge in den dreißiger Jahren – zur Brutstätte von Verrätern werden. Der Bankrott seines Vaters zwang Cornwell dazu, sein Studium für ein Jahr zu unterbrechen. In dieser Zeit verdiente er sein Geld als Lehrer an einer *public school.* Als Ronnie wieder Geld zusammengekratzt hatte, kehrte David Cornwell nach Oxford zurück und schloss sein Studium 1956 mit *first class honours* ab. Während seiner Zeit in Oxford heiratete er Alison Ann Veronica Sharp, die Tochter eines hohen RAF-Offiziers. Mit seiner Frau hat er drei Kinder: Simon (TV-Produzent in London), Stephen (Filmregisseur in Los Angeles) und Timothy (Journalist in Washington). Cornwell hatte während seiner Ehe eine Beziehung zu Susan Kennaway, der Ehefrau eines schottischen Schriftstellers. Diese Dreiecksbeziehung zwischen ihm, Susan und James Kennaway hat er in seinem Roman DER WACHSAME TRÄUMER aufgearbeitet, den man als Schlüsselroman lesen kann. Die Ehe zwischen Cornwell und Ann wurde 1971 geschieden. Im Jahr darauf heiratete Cornwell Valerie Jane Eustace, die bei seinem Verleger arbeitete. Aus dieser Ehe stammt ein Sohn: Nick (Student in Cambridge).

Nach seinem Studium arbeitete Cornwell als Lehrer in Englands berühmtester *public school*: Eton. Seine Zeit in Eton betrachtet er als gute Voraussetzung für seine spätere Karriere im diplomatischen Dienst: »Eton gave me familiarity with crime, as well as an instinct for hypocrisy and both of them, in different ways, are not absolutely unknown in diplomacy.« (Dean, ›John le Carré: The Writer Who Came in from the Cold‹, *The Listener* 5. 9. 1974) 1958 verließ Cornwell Eton und lebte eine Zeit lang als freiberuflicher Buchillustrator. Unter anderem war er verantwortlich für die Zeichnungen des Buches ›Talking Birds‹ von Maxwell Knight, dem Chef des britischen Geheimdienstes MI5.

Über seinen weiteren Berufsweg hat Cornwell bewusst ungenaue und widersprüchliche Angaben gemacht. Fest steht, dass er von 1959 bis 1964 für das britische Außenministerium, das *Foreign Office*, arbeitete. Schon frühzeitig kursierten Gerüchte, er habe in Wahrheit für den britischen Geheimdienst gearbeitet. Nach anfänglichen Dementis gab Cornwell Anfang der achtziger Jahre dann doch zu, tatsächlich für den Geheimdienst gearbeitet zu haben. Heutzutage spricht er in Interviews relativ offen über seine Zeit in der geheimen Welt. Er macht zwar keine genauen Angaben, welche Funktionen er innehatte und wie lange er im Geheimdienst arbeitete, doch in groben Zügen stellt es sich wie folgt dar: Er hat für das *Foreign Office* als Sekretär an der britischen Botschaft in Bonn und als Konsul im Generalkonsulat in Hamburg gedient. In dieser Zeit war er aber auch beim Geheimdienst tätig, zuerst beim Inlandsnachrichtendienst MI5, dann beim Auslandsnachrichtendienst MI6. Wie er selbst gesteht, hatte er sich aus Abenteuerlust beworben. Und die Arbeit beim Geheimdienst bot David Cornwell tatsächlich ein gewisses Maß an Aufregung:

> Ich war verführbar, und Agentenchefs haben mit schwachen Charakteren leichtes Spiel. Plötzlich hatte ich die offizielle Erlaubnis, kriminell zu sein. Ich durfte zum Beispiel in ein Privathaus einbrechen und *wurde* dabei gedeckt. Für einen jungen Mann ist das ziemlich aufregend. (Bode/Wolffheim, »Ich habe schon als Kind gelernt, was Lügen und Betrügen heißt«, *Brigitte* 20. 8. 1997)

Für Cornwell war der Eintritt in den Geheimdienst die logische Konsequenz aus seinem bisherigen Leben:

> Ich strebte nach dem Unerreichbaren, ich verlangte von meinem neuen Dienstherren alles, was das Leben mir bisher vorenthalten hatte. Ich wollte in die Tiefen des Unterbewußtseins meines Landes tauchen. Ich wollte seine geheimsten Wünsche, Ängste und Absichten ergründen, so, wie ich früher die Schränke meines Vaters durchwühlt hatte auf der Suche nach Schlüsseln zu *seinem* geheimen Leben. Ich verlangte Aufopferung. Meiner selbst. Meine zerstreuten Identitäten und Talente müßten gebündelt und genutzt werden. (JAWOHL, EIN SPION, *Die Zeit* 9. 5. 1986)

So erlebte er den Eintritt in den Geheimdienst wie eine Erfüllung: »Es war, als hätte ich mich mein ganzes Leben auf diesen Augenblick vorbereitet. Ich trat in den Priesterstand ein.« (stei, ›Beruf Verräter‹, *FAZ* 27. 12. 00)

Was Cornwell im britischen Geheimdienst erlebte, verarbeitete er später in seinen Romanen. Als er in den Dienst eintrat, hatte dieser seinen guten Ruf längst verspielt. Spionageskandale, Doppelagenten und Misstrauen unter den Kollegen prägten das Bild:

> Es ist eine Ironie, die mich mein Leben lang amüsieren wird, dass ich, der das Unmögliche suchte, genau zu dem Zeitpunkt in den Geheimdienst eintrat, als die Gemeinde praktisch bis zur Handlungsunfähigkeit von Selbstzweifeln zerrüttet war. Mir gefällt der Gedanke, dass von allen großen Jahrgängen des Verrats, die uns die Spione seit dem Krieg beschert haben, der meine am längsten die Spitze halten wird.
>
> Der Generaldirektor von MI5, Sir Roger Hollis, wurde im eigenen Haus der Spionage verdächtigt. Ein Neuling konnte davon nichts wissen, aber wer Ohren und Augen hatte, musste zwangsläufig die Feindseligkeit und das gegenseitige Mißtrauen unter den leitenden Herren bemerken.
>
> Die Schwesterfirma MI6 lag noch immer auf der Psychiatercouch und versuchte sich einzugestehen, worauf MI5 und auch andere Freunde schon seit langem hingewiesen hatten: dass Kim Philby, einst designierter Erbe des Chefsessels, seit eh und je ein russischer Spion war. Ein weiterer Topagent von

MI5, George Blake, sollte wegen des gleichen Fehltritts zu 42 Jahren Gefängnis verurteilt werden.

Anthony Blunt, vormals Mitarbeiter von MI5 und des KGB, erfreute sich noch immer seines Adelsprädikats und der Früchte seiner inoffiziellen Begnadigung und kümmerte sich um die Gemäldesammlung der Queen. Aber wenn in den Korridoren sein Name fiel, seufzten und schnaubten die Wissenden und sprachen von ihm als vom »armen alten Anthony«, als wollten sie sagen, es könne nur noch eine Frage der Zeit sein. (JAWOHL, EIN SPION, *Die Zeit* 9. 5. 1986)

Noch während seiner Arbeit beim *Foreign Office* schrieb er auf der Zugfahrt zwischen dem Büro in London und seiner Wohnung in Buckinghamshire seinen ersten Roman SCHATTEN VON GESTERN, einen »Geheimdienstroman, in dem es ein bisschen spannender als in meinem wirklichen Berufsleben zuging« (Petschull, ›Väter, Söhne und Verräter‹, *Stern* 22. 4. 1999). Einem Brauch des *FO* zufolge musste er für die Veröffentlichung ein Pseudonym wählen. Sein Verleger schlug etwas typisch Englisches vor, doch Cornwell, der fast sein gesamtes Leben in britischen Institutionen zugebracht hatte und doch dem Englischsein ambivalent gegenüberstand, wählte das französisch klingende Pseudonym »John le Carré«. Auf Nachfragen erklärte er, er habe den Namen von einem Schuhgeschäft übernommen, doch als Journalisten das fragliche Geschäft nicht ausfindig machen konnten, gab er zu, gelogen zu haben. Die Gründe für die Wahl dieses Pseudonyms gehört zu den Punkten im Leben von Le Carré, über die er selbst immer wieder widersprüchliche Aussagen gemacht hat:

Ich weiß es wirklich nicht. Die Erinnerung ist eine Hure. Ich habe so oft so viele Lügen darüber erzählt, dass ich die Wahrheit nicht mehr kenne. Einmal habe ich behauptet, ich hätte John le Carré von einem Bus aus an einem Schuhgeschäft gelesen. Tatsächlich glaube ich, es kam mir auf die Konstruktion eines Namens aus drei Worten an. Die Amerikaner haben ein Initial in der Mitte. Der deutsche Adel ein ›von‹. Ich wollte drei Worte, die in allen Sprachen interessant klingen. (Jacobi,

›Aus dem Schattenreich von Liebe, Lüge und Verrat: John le Carré‹, *Die Welt* 25. 2. 2001)

Seine ersten beiden Romane waren keine großen Erfolge – weder in literarischer noch in finanzieller Hinsicht. Das änderte sich mit dem Erscheinen seines dritten Romans DER SPION, DER AUS DER KÄLTE KAM. Le Carré schrieb diesen Roman direkt unter dem Eindruck des Mauerbaus in Berlin:

> Ich kam damals mitten in der Nacht zurück in die britische Botschaft in Bonn. Alle Fenster waren hell erleuchtet, und dann kamen die Nachrichten aus Berlin vom Bau der Mauer. In Berlin sah ich dann die Mauern des Kalten Krieges, errichtet in der Asche des heißen Krieges. Also kehrte ich zurück nach Königswinter, wo ich damals lebte, und schrieb innerhalb von fünf oder sechs Wochen voller Zorn DER SPION, DER AUS DER KÄLTE KAM. Es passiert einem wohl nur einmal im Leben, dass einem der Stoff für einen Roman so auf dem Tablett serviert wird. (Arnold, ›Ich schreibe für die Opfer‹, *Der Standard* 21. 4. 2001)

Dieser Roman wurde zu einem Weltbestseller, der den Autor nicht nur schlagartig bekannt, sondern auch wohlhabend machte. Le Carré hatte seinen Banker spaßeshalber beauftragt, ihn zu informieren, wenn sein Konto ein Guthaben von 20 000 Pfund aufweisen sollte. Dann, so sein Traum, könne er seinen Beruf aufgeben und sich ganz dem Schreiben widmen. Die Einnahmen aus seinem dritten Roman überstiegen dieses selbstgesetzte Ziel bei weitem. Konsequenterweise quittierte Le Carré den Dienst im *Foreign Office* und arbeitete von da an als freier Autor. Der Spion war zum Schriftsteller geworden.

Ende der siebziger Jahre nahm er sich vor, die Schauplätze seiner Romane persönlich kennenzulernen. Seine Reisen haben ihn seitdem unter anderem nach Südostasien, Panama, in den Sudan, die Sowjetunion, aber auch nach Bielefeld geführt. Nicht immer waren Le Carrés Reisen den Gastländern willkommen, denn die daraus resultierenden Beschreibungen der Länder in seinen Romanen gaben oft Anlass zur Kritik. In Panama beispielsweise erwog man wegen der

Beschreibung des Landes in Der Schneider von Panama, den Autor zur *persona non grata* zu erklären. In Kenia laufen Buchhändler Gefahr, von der Polizei verhaftet zu werden, wenn sie seinen Roman Der ewige Gärtner verkaufen, der kritische Bemerkungen über das Regime von Präsident Arap Moi enthält.

Le Carré besitzt ein Haus in Hampstead in London, lebt aber überwiegend in Tregiffian in der Nähe von Land's End in Cornwall in einem Haus, das direkt an der Küste liegt. Um die Küstenlandschaft zu schützen, hat er eine halbe Meile Land dem National Trust geschenkt. Interviews gewährt er nur wenigen ausgewählten Journalisten, meist gerade dann, wenn er einen neuen Roman fertig gestellt hat. Er wird einhellig als geistreicher und charmanter Gespächspartner gelobt. Anfragen von Literaturwissenschaftlern beantwortet er ablehnend. Auch vom britischen Literaturbetrieb hält er sich weitestgehend fern, auf Literatur-Partys ist er nicht anzutreffen.

Schlagzeilen machte allerdings seine Fehde mit Salman Rushdie. Als Rushdie 1989 wegen seines Romans *The Satanic Verses* vom Iran mit dem Tod bedroht wurde, bezog Le Carré im Gegensatz zu vielen Schriftstellern, die Rushdie lautstark verteidigten, eine differenzierte Position. Es gebe, so Le Carré, kein Recht, eine Weltreligion ungestraft zu beleidigen. 1997 geriet Le Carré dann selbst ins Kreuzfeuer der Kritik, als die *New York Times* in seinem Roman Der Schneider von Panama antisemitische Züge ausmachte. Le Carré antwortete auf diese Vorwürfe mit einer Rede vor der Anglo-Israel-Association am 10. November, die einige Tage später im *Guardian* auszugsweise abgedruckt wurde. Le Carré erklärte darin, er sei stets ein Freund der Juden und des Staates Israel gewesen, es müsse aber doch möglich sein, Freunde zu kritisieren. Er warnte vor einer Hexenjagd der politisch Korrekten und zog Verbindungen zu Orwells Gedankenpolizei. Drei Tage später antwortete Rushdie ebenfalls im *Guardian*. Er schrieb, es wäre einfacher für ihn, Mitleid mit Le Carré zu empfinden, wenn der sich nicht auf die Seite seiner Verfolger gestellt hätte. In den folgenden Tagen kam es auf der Leserbriefseite des *Guardian* zu einer verbalen Schlammschlacht zwischen Rushdie und Le Carré. Rushdie nannte Le Carré einen aufgeblasenen Esel und die Rede verworrenen Schwulst, Le Carré warf Rushdie vor, sich als Märtyrer aufzuspielen.

In seiner Arbeitsweise kann Le Carré als altmodisch im besten Sinne des Wortes bezeichnet werden. Er schreibt seine Romane per Hand mit einem Füller, seine Frau tippt sie dann in den Computer ein. Er hat zwar eine Homepage im Internet (*www.johnlecarre.com*), doch Computer und E-Mail sind ihm verhasst.

Politisch steht er links; er war ein entschiedener Gegner der Thatcher-Regierung, die er in mehreren seiner Romane scharf kritisiert. Als Maggie Thatcher ihn zum *C.B.E. – Commander of the Order of the British Empire* – ernennen wollte, lehnte Le Carré ab. Er plädiert für die Abschaffung der Privatschulen, fordert ein demokratisch gewähltes Oberhaus und eine stärkere Integration Großbritanniens in Europa. Bei der Wahl stimmte er für Tony Blair, ist aber auch mit dessen Politik nicht sehr zufrieden. In einem Artikel über den Krieg in Afghanistan rechnet er mit der Blair-Regierung schonungslos ab:

> Das Britannien, das [Blair] in den Krieg führt, ist das in sechzig Jahren entstandene Monument einer unfähigen Verwaltung. Die Krankenhäuser, die Schulen, das Verkehrswesen sind eine einzige Katastrophe. Gern redet man bei uns von Verhältnissen wie in der Dritten Welt, doch es gibt Länder in der Dritten Welt, die sehr viel besser dastehen als wir.
>
> Das Britannien, das Blair regiert, krankt an institutionalisiertem Rassismus, an der Vorherrschaft weißer Männer, an chaotischen Polizeistrukturen, an einer überlasteten Justiz, an obszönem privaten Reichtum und einer beschämenden und unnötigen öffentlichen Armut. Bei seiner Wiederwahl, die von einer trostlosen Wahlbeteiligung gekennzeichnet war, räumte Blair diese Übel ein und versprach demütig, Abhilfe zu schaffen.
>
> (Dieser Krieg ist längst verloren, *FAZ* 17. 10. 2001)

John le Carré hat für seine Romane viele Preise erhalten, unter anderem den *Cartier Diamond Dagger Award* der britischen *Crime Writers' Association*, den *Grand Master Award* der *Mystery Writers of America* und den *Deutschen Krimi Preis*. Er hat zudem Ehrendoktorwürden der Universitäten von Exeter, Bath, Southampton und St. Andrews.

Werkübersicht

John le Carré hat bislang 18 Romane veröffentlicht. Den Anfang machte SCHATTEN VON GESTERN (1961), in dem sein Serienheld George Smiley seinen ersten Auftritt hat. In diesem Roman wird auch erstmals der »Circus«, wie John le Carré den britischen Geheimdienst nennt, vorgestellt. Smiley ermittelt im Fall eines angeblichen Selbstmordes eines Angestellten aus dem *Foreign Office*, den er kurz zuvor einer Sicherheitsprüfung unterzogen hatte.

Smiley ist auch die Hauptfigur in Le Carrés nächstem Roman EIN MORD ERSTER KLASSE (1962), der an einer *public school* spielt und eher ein Detektiv- als ein Spionageroman ist. Smiley soll hier den Mord an einer Lehrerin aufklären.

Im Jahr darauf erschien Le Carrés Weltbestseller DER SPION, DER AUS DER KÄLTE KAM (1963), der beschreibt, wie der britische Geheimdienst mit einem raffinierten Plan einen Doppelagenten in der Stasi schützt und dessen Gegenspieler ausschaltet. Nach einer Serie von Misserfolgen scheidet Alec Leamas zum Schein aus dem britischen Geheimdienst aus und läuft kurz darauf in den Osten über. Er soll, so der Plan seines Chefs Control, bei der Stasi den Verdacht streuen, dass Stasi-Chef Mundt ein britischer Doppelagent sei, damit Mundts Stellvertreter Fiedler ihn ausschalten kann. Erst als Mundt von allen Vorwürfen freigesprochen und statt dessen Fiedler verhaftet wird, erkennt Leamas, dass Mundt tatsächlich für den britischen Geheimdienst arbeitet und Control Fiedler beseitigen wollte, der Verdacht geschöpft hatte.

In KRIEG IM SPIEGEL (1965) steht nicht der Circus im Mittelpunkt, sondern eine andere Geheimdiensteinheit, das Department, das versucht, Gerüchte über sowjetische Raketen in der DDR zu überprüfen. Das Department schickt einen Agenten in die DDR, obwohl es zu einer derartigen Aktion personell und technisch gar nicht mehr in der Lage ist. Die Operation endet in einem Fiasko.

In EINE KLEINE STADT IN DEUTSCHLAND (1968) wählte Le Carré als Institution nicht den Geheimdienst, sondern die britische Botschaft in Bonn. In der Bundesrepublik droht eine erneute nationalsozialistische Machtergreifung, und ein Angestellter der britischen Botschaft ist mit wichtigen Dokumenten verschwunden.

Mit Der wachsame Träumer (1971) unternahm Le Carré einen ersten literarischen Ausflug abseits des Spionageromans. In dem Roman schildert er die Dreiecksbeziehung des Kinderwagenfabrikanten Aldo Cassidy zu einem Schriftsteller und dessen Ehefrau. Der Roman wurde von der Kritik verrissen, und Le Carré kehrte wieder zu seinem Genre, dem Spionageroman, zurück.

Die folgenden drei Romane, Dame, König, As, Spion (1974), Eine Art Held (1977) und Agent in eigener Sache (1980) handeln vom Kampf George Smileys gegen den sowjetischen Spionagechef Karla und werden in England auch als die »Quest for Karla-Trilogie« bezeichnet. Smiley entlarvt zuerst einen sowjetischen Maulwurf im britischen Geheimdienst, dann einen sowjetischen Agenten in China und zwingt schließlich Karla zum Überlaufen in den Westen. Mit Abschluss dieser Trilogie verließ Le Carré den Circus.

In Die Libelle (1983) wandte er sich dem israelisch-palästinensischen Konflikt zu. Der israelische Geheimdienst will einen palästinensischen Bombenleger ausschalten und schleust dazu eine junge englische Schauspielerin in die Terrorszene ein.

Ein blendender Spion (1986) schildert die Karriere eines britischen Spions und kann fast als eine Art fiktionale Autobiografie Le Carrés gelten. Der britische Agent Magnus Pym taucht unter und rekapituliert sein bisheriges Leben, vor allem aber sein Verhältnis zu seinem Vater, dem Hochstapler Richard »Rick« Pym. Erst nach dem Tod des Vaters fühlt Magnus sich in der Lage, über sein Leben zu schreiben, ebenso wie Le Carré erst nach Ronnies Tod diesen lange geplanten Roman verwirklichen konnte.

Gorbatschows Reformpolitik und Chancen zu einer Beendigung des Kalten Krieges sind der Hintergrund in Das Russland-Haus (1989). Ein sowjetischer Physiker will ein Manuskript veröffentlichen, in dem behauptet wird, die sowjetische Rüstung stelle keine große Bedrohung für den Westen dar. Der britische und der amerikanische Geheimdienst reagieren auf diese Enthüllung mit Skepsis, weil sie den Verlust ihres Feindbildes fürchten.

Der heimliche Gefährte (1991) beschwört noch einmal in einem episodenhaften Rückblick die Zeit des Kalten Krieges und George Smiley hat seinen letzten Auftritt.

In der Zeit nach dem Ende des Kalten Krieges hat Le Carré sich neuen Schauplätzen zugewandt und bisher fünf Romane vorgelegt, die alle an unterschiedlichen Schauplätzen spielen und verschiedene Protagonisten haben: In DER NACHTMANAGER (1993) wird ein Nachtmanager eines Schweizer Hotels in das Umfeld eines international agierenden Waffenschiebers eingeschleust.

In UNSER SPIEL (1995) macht sich ein frühpensionierter Agent auf die Suche nach einem verschwundenen Freund, den er als Doppelagent geführt hatte, und gerät mitten in die ethnischen Konflikte im Kaukasus.

DER SCHNEIDER VON PANAMA (1996) schildert, wie ein britischer Schneider in Panama von einem britischen Geheimagenten zur Mitarbeit gezwungen wird und ihm frei erfundene Berichte liefert.

SINGLE & SINGLE (1999) ist der Name eines Londoner Finanzhauses, das sich in kriminelle Ost-West-Geschäfte verstrickt hat.

In DER EWIGE GÄRTNER (2001) untersucht ein britischer Diplomat in Kenia den Mord an seiner Ehefrau und deckt dabei ein Komplott eines westlichen Pharmariesen auf.

Individuum und Institution

Ein Hauptthema im Werk von John le Carré ist nicht die Auseinandersetzung zwischen einem einzelnen Agenten und einem fremden Geheimdienst, sondern zwischen einem einzelnen Agenten und dem eigenen Geheimdienst. Le Carré geht dabei über das Thema Spionage hinaus und benutzt die Spionageromane, um allgemeine Aussagen über das Verhältnis zwischen Individuum und Institution zu treffen. Für Le Carré ist der Mensch in zwei Komponenten gespalten, die nur schwer in Einklang zu bringen sind. Diese Komponenten bezeichnet er – in eindeutiger Anlehnung an Friedrich Schiller – als *naiv* und *sentimental* (so im Originaltitel von DER WACHSAME TRÄUMER: THE NAIVE AND SENTIMENTAL LOVER). Wer volle Menschlichkeit anstrebt, muss diese Komponenten vereinigen, doch für Le Carré sind diese zwei »components of life as we live it [...] irreconcilable, and chaotic.« (Gross, ›The Secret World of John le Carré‹, *The Observer* 3. 2. 1980) Le Carrés Helden sind oft einsam und isoliert. In Beziehungen zu anderen Individuen finden sie keine Befriedigung. Sie sind soziale Außenseiter, die häufig – wie Le Carré selbst – unter einer gestörten Beziehung zu ihrem Vater leiden und/oder eine gescheiterte Beziehung zu einer Frau haben. In einer derartig einsamen und gefühlsmäßig unbefriedigenden Welt können die Individuen nicht leben. Sie übertragen daher die Gefühle, die in der Realität so oft enttäuscht wurden, auf eine Organisation, den Geheimdienst. Die Agenten suchen im Geheimdienst gefühlsmäßige Befriedigung, Liebe, Glauben und Geborgenheit. Der Eintritt in den Geheimdienst wird so zu einer Flucht vor gescheiterten persönlichen Beziehungen. In der Männerwelt des Geheimdienstes gehen die Agenten so sehr auf, dass Beziehungen zu anderen Personen, auch zu ihren eigenen Frauen, sekundär werden. Die Organisation Geheimdienst bietet dem Einzelnen Geborgenheit und Schutz wie eine Familie. Am deutlichsten wird diese Funktion des Geheimdienstes in KRIEG IM SPIEGEL beschrieben. Über das Gebäude, in dem der Geheimdienst residiert, heißt es hier:

> Für die Menschen, die in diesem Haus arbeiteten, war sein Geheimnis wie das Mysterium der Mutterschaft, und sie empfanden die Tatsache, daß es weiter stehen blieb, wie das Mysterium Englands. Es gab ihnen Geborgenheit und Schutz, vermittelte ihnen das Gefühl von Sicherheit und die süße, aber unzeitgemäße Illusion, daß es sie erhalte. (S. 39)

Der Agent Avery empfindet gegenüber seinen Vorgesetzten Liebe und Vertrauen. Er ist dankbar, zu der Organisation gehören zu dürfen, denn dadurch erhält sein Leben scheinbar Sinn und Ordnung. Der Geheimdienst wird nicht nur zur Ersatzfamilie, sondern auch zur Ersatzreligion. Le Carré verwendet besonders in KRIEG IM SPIEGEL auffallend viele religiöse Metaphern:

> Für ihre Mitglieder hatte die Organisation fast religiösen Charakter. Wie Mönche ihrem Orden, maßen sie ihrer Vereinigung ein mystisches Eigenleben zu, das nichts zu tun hatte mit der saumseligen, sündigen Schar von Männern, aus der sie sich zusammensetzte. Während sie durchaus zynisch über die Fähig-

> keiten ihrer Mitbrüder herziehen oder sich höhnisch über ihre eigenen Kämpfe um einen Platz in der Hierarchie lustig machen konnten, brannte ihr Glaube an die Organisation in einer abgeschiedenen Kapelle. Sie nannten ihn Patriotismus. (S. 105)

Zwangsläufig kommt es dann jedoch zu einer Auseinandersetzung zwischen dem Agenten und der Organisation. Der Agent folgt dem naiven Aspekt seiner Persönlichkeit. Er ist auf der Suche nach Liebe, Vertrauen, Geborgenheit. In der Welt der Spionage zählen diese Werte aber nicht. Die Chefs der Geheimdienste entscheiden über das Schicksal ihrer Agenten nicht nach emotionalen, sondern ausschließlich nach rationalen Kriterien. Die Organisation Geheimdienst hat den Kontakt zu Gefühl und Menschlichkeit verloren und ist zu einer anonymen Bürokratie geworden, die Entscheidungen fällt, ohne die Konsequenzen für die Agenten zu berücksichtigen. Für den Geheimdienst zählen nur Erfolge, und dafür ist er bereit, den eigenen Agenten wie beim Bauernopfer im Schachspiel zu opfern. Erst im Laufe ihres Auftrages erkennen die Agenten, dass sie von ihrer Führung verraten worden sind. Die Auseinandersetzung des Individuums mit der Organisation endet in allen Fällen negativ. Die Bandbreite reicht von Desillusionierung bis Tod. Avery bricht in KRIEG IM SPIEGEL bitterlich weinend zusammen. Peter Guillam, der den Geheimdienst als Ersatzfamilie und -religion angesehen hat, erlebt den Augenblick der Desillusionierung in DAME, KÖNIG, AS, SPION besonders heftig:

> In diesem Augenblick fühlte Guillam sich nicht nur verraten, sondern verwaist. Seine Zweifel, seine Ressentiments, die sich so lange Zeit nach außen, gegen die reale Welt gerichtet hatten – gegen seine Frauen, seine mißlungenen Liebschaften, stürzten sich jetzt auf den Circus und den trügerischen Zauber, der sein Glaubensbekenntnis gewesen war. (S. 391)

Alec Leamas in DER SPION, DER AUS DER KÄLTE KAM und Jerry Westerby in EINE ART HELD enden tragischer. Sie folgen ihren eigenen Zielen und wählen so den sicheren Tod. George Smiley kann seine Aufträge zwar erfolgreich abschließen, wird aber anschließend nicht in die Gesellschaft reintegriert. Am Ende des ersten Romans

Schatten von gestern lehnt er das Angebot, einen höheren Posten zu übernehmen, ab. Und trotz seiner Erfolge im Kampf gegen den sowjetischen Spionagechef Karla wird er nicht mit dem Chefposten im Circus belohnt, sondern scheidet aus dem Dienst aus.

Die Philosophie des Kalten Krieges

Genau dieses Problem von Individuum und Gesellschaft ist es, das John le Carré veranlasst, mit den herkömmlichen Sichtweisen des Kalten Krieges radikal zu brechen. Im Gegensatz zu Ian Fleming versucht Le Carré, die dichotomische Weltsicht zu überwinden. In seinen Spionageromanen sind gut und böse gleichmäßig verteilt; statt schwarz und weiß herrscht ein grau vor, in dem die Grenzen zwischen den beiden Seiten verwischen. Connie Sachs konstatiert treffend in Agent in eigener Sache: »Alles grau in grau. Halb-Engel kämpfen gegen Halb-Teufel. Niemand weiß, wo die Front verläuft.« (S. 244)

Le Carré untersucht in seinen Romanen die ethischen Probleme und die Konsequenzen, die dem Westen aus seinem Engagement im Kalten Krieg erwachsen. Der Westen, so Le Carrés Standpunkt, kämpfe im Kalten Krieg nicht gegen einen identifizierbaren Gegner, sondern gegen eine Ideologie, nämlich den Kommunismus. Le Carré betont, der Westen habe nicht nur das Recht, sondern auch die Pflicht zu diesem Kampf: »I do believe, reluctantly, that we must combat communism. Very decisively.« (Gross, ›The Secret World of John le Carré‹, *The Observer* 3. 2. 1980) Dieser Kampf ist für ihn humanistisch begründet, denn im Osten werde das Individuum der Masse geopfert, wohingegen im Westen das Individuum mehr zähle als eine Ideologie: »Meine Abneigung gegen den Sowjetkommunismus war humanistisch, denn er fügte im Namen einer Ideologie den Menschen schreckliche Dinge zu. Aus diesem Grund hielt ich ihn für eine abstoßende Doktrin.« (N. N., ›Wie wäre ich, wenn ich er wäre?‹, *Der Spiegel* 7. 8. 1989) Das Paradox bestehe nun darin, dass der Westen im Zuge dieses humanistisch begründeten Kampfes zu den Methoden des Ostens greife, das heißt, um das Individuum zu schützen, wird ein Individuum geopfert. So verrate der Westen die Ideale, für die er kämpfe. Es ist die Frage, ob der Zweck die Mittel heiligt.

Der Westen habe zwar die besseren Ideale, verteidige sie aber mit Methoden, die diesen Idealen widersprechen. Auf diese Weise laufe der Westen Gefahr, selbst zu einer Gesellschaft zu werden, die es nicht wert ist, verteidigt zu werden:

> There is a constant moral ambiguity as there is in most things in our lives. It resides in the basic paradox that we are in the process of doing things in defence of our society which may very well produce a society which is not worth defending; we're constantly asking ourselves what is the price we can pay in order to preserve a society, yet what sort of society is preservable? (Vaughan, ›Le Carré's Circus: Lamplighters, Moles and Others of that Ilk‹, *The Listener* 13. 9. 1979)

Diese Problematik lässt sich am besten an seinem Roman DER SPION, DER AUS DER KÄLTE KAM verdeutlichen. Im Zentrum des Romans stehen drei Diskussionen über die Frage, ob der Zweck die Mittel heiligt. Zu Anfang diskutiert Leamas darüber mit seinem Chef Control. Für den ist die Ausgangslage klar. Der Westen habe die besseren Ideale, müsse aber notgedrungen die Methoden des Ostens übernehmen:

> Ich meine, man muß Methode mit Methode vergleichen, und Ideal mit Ideal. Ich möchte sagen, daß sich unsere Methoden seit dem Kriege weitgehend denen des Gegners angeglichen haben. Ich meine, wir sollten nicht rücksichtsvoller als der Gegner sein, wenn es dafür keinen anderen Grund gibt als den, daß die Politik der eigenen Regierung ehrlicher ist. (S. 28)

Für Control rechtfertigen die Ideale die Anwendung verwerflicher Methoden, was in diesem Fall die Opferung eines Individuums bedeutet. Nachdem Leamas in den Osten übergelaufen ist, diskutiert er über das gleiche Problem mit dem Stasi-Agenten Fiedler. Fiedler, ein Stalinist, hat keine moralischen Probleme mit seiner Arbeit. Er ist bereit, Individuen zu töten, wenn es dem Ziel des Kommunismus dienlich ist. Was er jedoch nicht versteht, ist, wie der Westen das mit seinen christlichen und humanistischen Idealen in Übereinstimmung bringen kann.

»Haben Sie mit Ihren Kollegen nie über Weltanschauung diskutiert?«

»Nein. Wir sind keine Deutschen.« [Leamas] zögerte und fügte dann unbestimmt hinzu: »Den Kommunismus lehnen sie, glaube ich, ab.«

»Und damit rechtfertigt man beispielsweise die Opferung menschlichen Lebens? Das rechtfertigt die Bombe im überfüllten Lokal, die Verlustrate eurer Agenten – all das wird dadurch gerechtfertigt?«

Leamas zuckte die Achseln. »Ich nehme es an.«

»Für uns sind diese Dinge gerechtfertigt«, fuhr Fiedler fort. »Ich selbst hätte in einem Lokal eine Bombe gelegt, wenn uns das auf unserem Weg vorangebracht hätte. Ich würde nachher die Bilanz ziehen: so viele Frauen, so viele Kinder – aber auch so und so viel auf unserem Weg weiter. Aber Christen dürfen diese Bilanz nicht ziehen – und Ihre Gesellschaftsordnung ist eine christliche.«

»Warum nicht? Sie müssen sich verteidigen, oder?«

»Aber Christen glauben an die Unverletzlichkeit des menschlichen Lebens. Sie glauben, daß jeder Mensch eine Seele hat, die gerettet werden kann. Sie glauben an Opfer.«

»Ich weiß nicht«, sagte Leamas. »Ich scher' mich nicht viel drum.« (S. 185f.)

In dieser Diskussion muss Leamas zwangsläufig unterliegen, denn die Methoden der beiden Geheimdienste stehen zwar mit der kommunistischen Ideologie des Ostens, nicht aber mit der humanistischen und christlichen Ideologie des Westens in Übereinstimmung:

For this reason, my Western agent is at a loss to defend himself in ideological dispute with his Communist interrogator. The Communist should be able to reconcile the loss of innocent life with the progress of the proletarian revolution; Western man can't. (To Russia, With Greetings: An Open Letter to the Moscow Literary Gazette, *Encounter* Mai 1966)

Nachdem in diesen beiden Diskussionen Control und Fiedler die moralischen Überzeugungen der westlichen und östlichen Geheimdienste dargelegt haben, muss Leamas in der abschließenden Diskussion mit seiner Freundin Liz erkennen, dass beide Seiten zu den gleichen Methoden greifen. Um den Doppelagenten Mundt vor der Enttarnung zu schützen, hat der britische Geheimdienst ein geniales Täuschungsmänover eingefädelt, das Fiedler das Leben kostet. Leamas und Liz sind in dem Spiel nur Bauern auf einem Schachbrett, die geopfert werden. Die Vorstellung, dass die westlichen Spione moralisch überlegen sind, hat Leamas längst aufgegeben:

> Was glaubst du, daß Spione seien: Priester, Heilige, Märtyrer? Sie sind eine schmutzige Prozession von hohlen Narren und Verrätern. Ja, auch von Schwulen, Sadisten und Trinkern. Von Leuten, die Räuber und Gendarm spielen, um ihrem erbärmlichen Leben etwas Reiz zu geben. Glaubst du, sie sitzen wie Mönche in London und wägen Recht gegen Unrecht ab? (S. 178)

Die Schlussszene des Romans zeigt Leamas auf der Berliner Mauer sitzend, also buchstäblich zwischen den beiden Systemen. Im Westen fordert Smiley ihn auf, herunterzuspringen, im Osten legen die Grenzposten ihre Gewehre auf ihn an. Leamas kann jedoch eine Entscheidung für eines der Systeme nicht treffen, von seiner Sicht aus verhalten sich Ost und West gleich. Das Einzige, an das er noch glaubt, ist seine Liebe zu Liz. Als sie an der Ostseite der Mauer erschossen wird, hat sein Leben seinen Sinn verloren, er klettert herunter und lässt sich ebenfalls erschießen. Während er stirbt, erinnert er sich an einen Verkehrsunfall, bei dem ein Kleinwagen zwischen zwei LKWs zerquetscht wurde. Diese Erinnerung, die ihn schon früher gequält hat, symbolisiert sein Schicksal. Die LKWs stehen für die beiden Geheimdienste, die unschuldige Individuen zwischen sich zerquetschen.

Le Carré will in diesem Roman nicht etwa den Sieg des Westens glorifizieren, sondern vielmehr die Angleichung der Methoden kritisieren und die moralischen Probleme für den Westen herausstellen. In einem offenen Brief an russische Kritiker nahm Le Carré zu diesem Roman wie folgt Stellung:

> By these and other means I sought to remove espionage from the sterile arguments of the cold war and concentrate the reader's eye on the cost to the West, in moral terms, of fighting the legitimised weapons of Communism. [...] I tried to tickle the public conscience with the issue of *raison d'etat*. I have posed this question: for how long can we defend ourselves – you and we – by methods of this kind, and still remain the kind of society that is worth defending? [...] In espionage as I have depicted it Western man sacrifices the individual to defend the individual's right against the collective. That is Western hypocrisy, and I condemned it because I felt it took us too far into the Communist camp, and too near to the Communist evaluation of the individual's place in society.
> (TO RUSSIA, WITH GREETINGS: AN OPEN LETTER TO THE MOSCOW LITERARY GAZETTE, *Encounter* Mai 1966)

Auch an Le Carrés Serienfigur und *alter ego* George Smiley lässt sich der Konflikt von *means and ends* gut darstellen. In EIN MORD ERSTER KLASSE heißt es:

> Es war eine Besonderheit von Smileys Charakter, daß er es während seiner ganzen Geheimdienstarbeit niemals fertiggebracht hatte, die Mittel mit dem Zweck in Einklang zu bringen. (S. 95)

Die Figur Smiley, die man in vielen Punkten als Sprachrohr Le Carrés sehen kann, begleitete den Autor fast drei Jahrzehnte lang. Seinen ersten Auftritt hat er in SCHATTEN VON GESTERN. Mit dem Superspion James Bond, der Anfang der sechziger Jahre noch den britischen Spionageroman dominierte, hat Smiley nichts gemeinsam. Schon seine äußere Erscheinung ist ein starker Kontrast zum Playboy 007:

> Klein, dick und von ruhiger Gemütsart, schien er eine Menge Geld für wirklich miserable Anzüge auszugeben, die auf seinem viereckigen Gestell wie die Haut einer verschrumpelten Kröte wirkten. (S. 5)

Auch mit den Frauen hat Smiley wenig Glück. Von seiner Frau Ann wird Smiley wiederholt betrogen, und am geborgensten fühlt er sich in der akademischen Welt mit dem Spezialgebiet »Deutsche Barockliteratur«. In seinem ersten Fall muss er den angeblichen Selbstmord eines Angestellten im *Foreign Office* untersuchen und kommt dabei einem ostdeutschen Spionagering auf die Spur, der von seinem ehemaligen Freund und Schüler Dieter Frey geleitet wird. Am Ende des Romans kommt es zu einem Kampf zwischen Frey und Smiley. Frey erinnert sich an ihre Freundschaft und schießt nicht auf Smiley. Smiley hingegen vergisst die Freundschaft und tötet Frey. Moralisch gesehen ist Smiley dem ostdeutschen Spion unterlegen und kann sich daher auch nicht über seinen Sieg freuen.

Ein ähnliches Szenario liegt bei AGENT IN EIGENER SACHE vor. Smiley gelingt es, den schwachen Punkt seines sowjetischen Gegenspielers Karla zu finden und rücksichtslos auszunutzen. Damit hat er sich moralisch auf das Niveau des KGB-Chefs begeben. Smiley und Karla – das sind keine gegensätzlichen Charaktere. Sie teilen viele gemeinsame Charaktereigenschaften, versuchen aber, die eine Seite ihrer Persönlichkeit zu verleugnen. Der Kampf gegen den anderen ist zugleich der Kampf gegen die uneingestandene Hälfte von sich selbst. Erst zusammen können sie zu vollständigen Menschen werden: »Zwillingsstädte, so nannten wir ihn und Sie, zwei Hälften vom selben Apfel.« (S. 248) Am Ende von AGENT IN EIGENER SACHE beugt sich Karla Smileys Erpressung und läuft in den Westen über. Genau in diesem Augenblick wird beiden deutlich, wie ähnlich sie sich sind. »Sie wechselten noch einen Blick, und vielleicht sah jeder diese eine Sekunde lang in dem anderen etwas von sich selbst.« (S. 447) Symbol dieser Angleichung der beiden Charaktere ist ein Feuerzeug, das Karla Smiley einst gestohlen hatte und ihm nun wiedergibt. Bezeichnenderweise hat Smiley aber kein Interesse, es wieder an sich zu nehmen. Smiley hat zwar gewonnen, aber nur indem er zu Methoden griff, die er verabscheut: »Er wollte die Beute nicht, die mit diesen Methoden erjagt worden war.« (S. 445) Über seinen Sieg kann er sich daher nicht wirklich freuen. Auf Peter Guillams Bemerkung »George, Sie haben gewonnen« antwortet er lediglich: »Wirklich? [...] Ja. Ja, es sieht wohl so aus.« (S. 448)

In einem Interview, das er kurz nach der Veröffentlichung von AGENT IN EIGENER SACHE gegeben hat, ist Le Carré nochmals näher auf Smileys Einstellung eingegangen:

> He accepts, however reluctantly, that you have to resort to very unpleasant means in order to preserve society, though he sometimes wonders how much you can do in the name of that society and feel sure that it's still worth preserving. (Gross, ›The Secret World of John le Carré‹, *The Observer* 3. 2. 1980)

Der Sieg des Westens ist zugleich eine Niederlage, denn er wurde mit dem Verrat der Ideale erkauft. E. M. Forster hat einmal gesagt, er würde eher sein Land als seinen Freund verraten. Diese Einstellung, dass das Individuum mehr wert ist als die Masse, liegt auch Le Carrés Spionageromanen zugrunde. Im Kalten Krieg opfert der Westen aber das Individuum der breiten Masse und wird so zu einer Gesellschaft, die nicht mehr verteidigenswert ist.

Großbritannien als orientierungslose Gesellschaft

Le Carrés Spionageromane sind zugleich Kommentare über den Zustand der britischen Gesellschaft. Seine fiktionale Welt der Spionage ist als Allegorie auf die reale Welt zu verstehen. Für Le Carré sind die Geheimdienste in erster Linie »Mikrokosmen der britischen Verhältnisse, unserer gesellschaftlichen Grundhaltungen und Eitelkeiten.« (VORWORT zu Page/Leitch/Knightley, ›Philby: Der Spion, der seine Generation verriet‹). Und in DAME, KÖNIG, AS, SPION werden die Geheimdienste als »der einzig reale Maßstab für die politische Gesundheit einer Nation [...], der einzige reale Ausdruck ihres Unterbewußtseins« (S. 400f.) bezeichnet. Le Carré ist weniger an Ereignisgeschichte als an Mentalitätsgeschichte interessiert. Er geht der Frage nach, was es bedeutet, in der zweiten Hälfte des 20. Jahrhunderts ein Brite zu sein. Wie ist es denn nun um den (Gesundheits-) Zustand der britischen Gesellschaft in Le Carrés Romanen bestellt? Die britische Gesellschaft krankt daran, dass sie die einschneidenden Änderungen, die der Zweite Weltkrieg mit sich brachte, nicht verarbeitet hat. Nach dem Zerfall des Empire und dem Verlust der Weltmachtstellung treibt die britische Gesellschaft orientierungslos dahin. Eine Kommunikation zwischen den einzelnen Klassen der Gesellschaft findet nicht mehr statt. Die oberen Klassen empfinden keine Verantwortung für die unteren Klasen mehr, sondern verfallen in Snobismus und sind lediglich auf die Sicherung ihrer Privilegien bedacht. Die konservative Regierungszeit charakterisiert Le Carré als »den tausendjährigen Schlaf eines Eden und eines Macmillan« und spricht insbesonders von den »Problemen, unter denen wir als zerfallende Weltmacht leiden.« (VORWORT zu Page/Leitch/ Knightley, ›Philby: Der Spion, der seine Generation verriet‹) Das Establishment ist nicht willens, sich der neuen Lage anzupassen und seine eigene Bedeutungslosigkeit zu erkennen. Statt dessen ziehen die Mitglieder des Establishments sich in abgeschlossene Institutionen zurück, in denen sie den Kontakt zur Realität verlieren und sich der Illusion hingeben, es habe sich nichts geändert. Le Carré illustriert diese Verhaltensweise in seinen Romanen vor allem am Beispiel der Institution Geheimdienst. Der Eintritt in den Geheimdienst wird als Rückzug aus der als unbefriedigend angesehenen Realität gewertet:

> Hinter schalldichten Türen fanden verwirrte Männer Schutz vor der sich stürmisch verändernden Welt, hier verteidigten sie den Absolutismus der britischen Politik. Hier fanden Loyalität und Patriotismus ihren stillen und, wie sie glaubten, gesicherten Ausdruck. (VORWORT zu Page/Leitch/Knightley, ›Philby: Der Spion, der seine Generation verriet‹)

Die Agenten betrügen sich selbst und halten in ihrer Organisation den Glauben an ein Großbritannien aufrecht, das in dieser Form in der Realität längst nicht mehr existiert:

> Des weiteren war man der Überzeugung, der [Geheimdienst] verteidige die traditionellen Werte unserer Gesellschaft nicht nur, sondern er verkörpere sie auch. Innerhalb der eigenen vier Wände, in seinen Clubs und Landhäusern, bei Lunchgesprächen im Flüsterton werde das mystische Wesen eines verblassenden Englands bewahrt werden. Wenigstens hier, was

immer draußen in der Welt geschah, werde Englands Blume in Ehren gehalten werden. »Mag das Weltreich zerfallen, innerhalb unserer geheimen Elite wird die edle Tradition englischer Größe überleben. Wir glauben an nichts, außer an uns selbst.« (VORWORT zu Page/Leitch/Knightley, ›Philby: Der Spion, der seine Generation verriet‹)

Am deutlichsten wird dieses Verhaltensmuster in Le Carrés Spionageroman KRIEG IM SPIEGEL illustriert. Die Organisation in diesem Roman ist das Department, eine Geheimdiensteinheit, die im Zweiten Weltkrieg aktiv war, in der Nachkriegszeit jedoch zur Bedeutungslosigkeit herabgesunken ist. Eine Metaphorik von Tod und Verfall durchzieht den gesamten Roman. Für die Mitarbeiter des Departments scheint die Zeit im Zweiten Weltkrieg stehen geblieben zu sein. Avery, der einzige Vertreter der Nachkriegsgesellschaft im Department, erkennt die wahre Funktion dieser Organisation für ihre Mitarbeiter: »Avery anerkannte, daß [das Department] [den Mitarbeitern] Schutz vor der Unüberschaubarkeit des modernen Lebens bot und einen Ort darstellte, wo es immer noch klare Fronten gab.« (S. 105) Von der Realität entfremdet, wird der Geheimdienst zu einer »Traumfabrik« (S. 162). Traum und Selbstbetrug haben allerdings gefährliche Konsequenzen. Als das Department von Raketen in der DDR hört, beschließt es, einen Agenten dorthin zu schicken. Zweck dieser Mission ist weniger, die Informationen zu verifizieren als vielmehr, sich die eigene Bedeutung zu beweisen. Als Agent wird der Pole Fred Leiser gewählt, der ebenfalls in einer Welt der Vergangenheit und der Illusion lebt. Da er ungenügend vorbereitet, an veralteter Technik ausgebildet und von seinen Vorgesetzten belogen wird, ist seine Mission von vornherein zum Scheitern verurteilt. Die Agenten des Departments erleben das Scheitern als ein böses Erwachen aus ihrem Traum. Wie die Briten nach dem Suez-Debakel 1956, so müssen auch die Mitglieder des Departments schmerzhaft erfahren, dass ihre Träume nicht mehr mit der Realität übereinstimmen.

Auch in DAME, KÖNIG, AS, SPION wird der Zustand der britischen Nachkriegsgesellschaft ausführlich thematisiert. Bei vielen Charakteren herrscht eine Nostalgie vor, ein Zurücksehnen der Zeit,

»als *Empire* noch kein Schimpfwort war.« (S. 138) Während einige Charaktere in Selbstbetrug und Heuchelei verfallen, zieht Bill Haydon eine andere Konsequenz. Aus Verbitterung darüber, dass das gegenwärtige Großbritannien ihm keine Möglichkeiten bietet, seine großen Ambitionen auszuleben, fühlt er sich nicht an seine Loyalität zu Großbritannien gebunden. Er ist Verräter und Verratener zugleich, ein Opfer der britischen Nachkriegsgeschichte:

> War Bill nicht gleichfalls verraten worden? Connies Klage hallte ihm in den Ohren: »Die armen Kinder. Für das Empire erzogen, erzogen, um die Meere zu beherrschen ... Sie sind der letzte George, Sie und Bill.« Mit schmerzender Klarheit sah er einen ehrgeizigen Mann vor sich, der zu großen Dingen geboren war, erzogen zum Herrschen, Teilen und Erobern, dessen Planen und Trachten [...] dem Spiel mit der Weltkugel galt; für den die Wirklichkeit eine kümmerliche Insel war mit kaum einer Stimme drauf, die über das Wasser reichte. (S. 389)

Smiley kann Haydons Verbitterung nachfühlen, doch dessen Konsequenz teilt er nicht. Anstatt sich in eine Traumwelt zu flüchten, in Resignation zu verfallen oder zum Verräter zu werden, versucht er, »eine verlorengegangene Ordnung im Geheimdienst (= England) wiederherzustellen« (Becker, ›John le Carrés Smiley Saga: 'Nostalgia for a lost paradise'‹, *anglistik und englischunterricht* 37 (1989)). Er überbrückt den Gegensatz, an dem die britische Gesellschaft gescheitert ist: Festhalten an der Vergangenheit und doch offen sein für die Gegenwart.

Authentizität und Realitätsanspruch der Romane

Generell werden Spionageromane in zwei unterschiedliche Traditionsstränge unterteilt, den »heroisch/romantischen« und den »antiheroisch/realistischen«. Le Carrés Spionageromane gehören eindeutig in die realistische Tradition. In Rezensionen zu seinen Spionageromanen wird immer wieder darauf hingewiesen, dass hier die Spionagearbeit so geschildert werde, wie sie in Wirklichkeit sei. Seine

Romane werden nicht als reine Phantasieprodukte abgetan, sondern von den Kritikern als »wirklicher als die Wirklichkeit« (Leonhardt, ›Die geheime Welt des John le Carré‹, *Die Zeit* 4. 4. 1980) gelobt. Ein Vergleich zwischen Realität und Fiktion wird dadurch erschwert, dass die Realität nicht genau bekannt ist. Die Arbeit der Geheimdienste ist, wie das Wort schon sagt, geheim. Die Kritiker, die Le Carré Realismus bescheinigen, haben selbst keine Geheimdiensterfahrung; Personen mit Erfahrung in der geheimen Welt hingegen haben sich meist kritisch zu Le Carrés Romanen geäußert. Der Doppelagent Kim Philby und auch Günther Nollau, Chef des Bundesamtes für Verfassungsschutz, haben sich enttäuscht über Le Carrés Romane gezeigt und ihm viele faktische Fehler nachgewiesen. Auch Stasi-Chef Markus Wolf zeigte sich nicht vom Realismus der Romane überzeugt. Dem *Daily Telegraph* gab er zu Protokoll: »Unfortunately Le Carré never consulted me or some of his Russian characters would have been drawn more realistically.« (Gedye, ›Le Carré got Me Wrong, Says Faceless Spy Chief‹, *Daily Telegraph* 5. 5. 1993)

Der implizite Leser der Romane ist jedoch kein Geheimdienstprofi, sondern ein Laie, der von der Arbeit der Geheimdienste und Spione nur eine landläufige Vorstellung hat. Deswegen müssen Spionageromane die Geheimdiensttätigkeit nicht unbedingt so schildern, wie sie wirklich abläuft – das heißt authentisch –, sondern so, wie der Leser es sich vorstellt – das heißt glaubwürdig. Le Carré hat in seiner Replik auf Nollaus Vorwürfe denn auch zwischen Glaubwürdigkeit und Authentizität unterschieden:

> Ich hatte nicht gesagt, *Der Spion, der aus der Kälte kam* sei authentisch. Glaubwürdigkeit und Authentizität sind Eigenschaften, die bundesdeutsche Geheimdienste nicht immer rasch voneinander zu unterscheiden vermochten. (Wieviel Morde sind glaubwürdig?, *Der Spiegel* 31. 3. 1965)

Inwieweit seine Romane dennoch authentisch sind, soll hier zuerst an der Frage aufgezeigt werden, ob reale Spione Vorbilder für seine fiktionalen Agenten waren. Im Fall von George Smiley wurde von der britischen Presse lange Zeit der inzwischen verstorbene Chef des MI6, Sir Maurice Oldfield, als *real life model* angesehen. In der Tat gab es mehrere Gründe, die diese Vermutung stützten: Oldfields Karriere wies Ähnlichkeiten zu der Smileys auf, er sah in etwa so aus, wie Le Carré Smiley beschreibt und Le Carré hatte Oldfield mehrfach getroffen. Le Carré wies derartige Vermutungen jedoch immer entschieden zurück und behauptete statt dessen, dass er Smiley nach dem Vorbild seines ehemaligen Tutors in Oxford, Vivian Green, gestaltet habe. Die Übereinstimmungen zwischen Smiley und Green waren allerdings nicht sehr groß, so dass die Vermutung nahe lag, Le Carré wollte seinem alten Tutor eine Ehrenschuld zurückzahlen. So kam Anfang 1999 Le Carrés Geständnis, dass Smiley ein anderes Vorbild habe, nicht sehr überraschend. Er gab zu, dass er Smiley nach dem Vorbild von John Bingham gestaltet habe. Bingham, der selbst Kriminalromane verfasst hatte, hatte mit Le Carré zusammen beim MI5 gearbeitet.

Auch ein weiterer fiktionaler Spion ist nach dem Modell eines realen Spions gestaltet. In seinem Vorwort zu dem Sachbuch von Page, Leitch und Knightley, ›Philby: Der Spion, der seine Generation verriet‹, schrieb Le Carré 1968: »Wie ein großer Roman – und ein unvollendeter noch dazu – lebt die Geschichte Kim Philbys in mir fort: wir fühlen uns nicht nur als Beteiligte, sondern als Mitautoren.« Rückblickend klingt dieser Satz fast wie eine Prophezeiung, denn es gilt als sicher, dass Le Carré die Philby-Affäre in seinem sechs Jahre später veröffentlichten Roman DAME, KÖNIG, AS, SPION verarbeitet und Kim Philby dabei als Modell für seinen Verräter Bill Haydon benutzt hat. Von der Kritik sind die Analogien zwischen Philby und Haydon bis in kleinste Details nachgewiesen worden. Auch Le Carré selbst hat nach anfänglichem Zögern zugegeben: »There is clearly a lot of Philby in ›Tinker, Tailor‹« (Cameron, ›The Case of the Hot Writer‹, *The New York Times Magazine* 8. 9. 1974). Zu Philby hatte Le Carré übrigens ein sehr eigenartiges Verhältnis. Genau wie zwischen Smiley und Haydon, so gibt es auch zwischen Le Carré und Philby einige biografische Parallelen. In gewisser Hinsicht war Philby Le Carrés Doppelgänger, und genau deswegen mochte Le Carré ihn nie. Im Vorwort zu DAME, KÖNIG, AS, SPION hat er sich über seine Beziehung zu dem Doppelagenten wie folgt geäußert:

> Philby mochte ich nicht, weil er mir in manchen Dingen sehr ähnlich war. Er hatte eine Privatschule besucht, er war der Sohn eines launischen, tyrannischen Vaters [...], er konnte mühelos Menschen für sich gewinnen und seine Gefühle gut verbergen – insbesondere seinen heftigen Abscheu vor der Bigotterie und den Vorurteilen der herrschenden Schichten Englands. Ich fürchte, all dies traf irgendwann einmal auch auf mich zu. [...] Ich ahnte, wenn man so will, dass Philby einen Weg eingeschlagen hatte, der auch mir selbst gefährlich offenstand, auch wenn ich ihn nicht gewählt hatte, ahnte, dass er einen der – Gott sei Dank nicht realisierten – Entwürfe meines eigenen Wesens darstellte. (S. 9f.)

In einem anderen Fall haben sich Vermutungen über reale Vorbilder allerdings nicht bewahrheitet. Smileys Gegenspieler Mundt und Karla wurden oft als Fiktionalisierungen ein und desselben Mannes gesehen: Markus Wolf. Anlässlich des Prozesses gegen den Ex-Stasi-Chef erreichten diese Spekulationen ein derartiges Ausmaß, dass Le Carré sich zu einem öffentlichen Dementi genötigt sah. In einem Artikel mit dem Titel MARKUS WOLF, KARLA UND MEIN RASENMÄHER in der *FAZ* vom 8. 5. 1993 gesteht er, dass er »Mundt« ursprünglich »Wolf« nennen wollte, aber nur deshalb, weil das der Name seines Rasenmähers gewesen sei. Nachdem ihn seine Dienstherren im *Foreign Office* darauf hingewiesen hätten, dass es einen realen ostdeutschen Spion namens Wolf gebe, habe er den Namen geändert. Weder Mundt noch Karla seien Abbilder von Wolf, den Le Carré im übrigen verabscheut.

Zum Authentizitätsanspruch seiner Spionageromane hat auch der von Le Carré verwandte Geheimdienstjargon beigetragen. Dabei handelt es sich um ein spezielles Vokabular, das Worte wie »Laternenanzünder«, »Moskauer Regeln«, »Skalpjäger« oder »in das Spiel einsteigen« umfasst. Diesen Jargon setzt Le Carré ganz bewusst als Mittel zur Realitätssuggestion ein: »I thought it very important to give the reader the illusion of entering the secret world and to that end I invented a technical jargon that would be graphic and at the same time mysterious.« (Gross, ›The Secret World of John le Carré‹, *The Observer* 3. 2. 1980) Nur einige dieser Begriffe stammen tatsächlich aus dem Sprachgebrauch des Geheimdienstes, so zum Beispiel der »Maulwurf«. Die meisten der Begriffe hat er frei erfunden. Allerdings haben die realen Agenten inzwischen viele dieser Begriffe in ihren Sprachschatz übernommen, was Le Carré mit Freude beobachtet: »I'm glad these terms are taken as real. It means people have entered a world you've invented and taken on its jargon, like tradesmen or the professions.« (Walsh, ›The Perfect Spymaster‹, *The Sunday Times* 25. 6. 1989)

An diesen Beispielen lässt sich sehr genau die Dialektik der Beziehung zwischen *fact* und *fiction* in John le Carrés Spionageromanen aufzeigen: Teilweise sind seine Romane frei erfunden, teilweise genaues Abbild der Realität. Seine Romane spiegeln aber nicht nur die Wirklichkeit wider, sondern schaffen auch eine neue Wirklichkeit.

Der Spionageroman in den Zeiten von Glasnost

Für das Genre Spionageroman ist eine internationale Spannungssituation eine quasi generische Vorbedingung. Es muss zwei Seiten geben, die miteinander in Konflikt stehen. Der Kalte Krieg mit seiner dichotomisch zweigeteilten Welt bot daher einen idealen Nährboden für Spionageromane. Westliche Autoren hatten ein klares Feindbild: die Sowjetunion. In der zweiten Hälfte der achtziger Jahre zeichnete sich dann jedoch das Ende des Kalten Krieges ab. In der Sowjetunion führte der neue Generalsekretär der KPdSU, Michail Gorbatschow, demokratische Reformen durch, die im Westen unter den Schlagworten *glasnost* (Offenheit) und *perestroika* (Umgestaltung) bekannt wurden. Die beiden Blöcke steuerten einen Kooperationskurs und – noch entscheidender – Michail Gorbatschow wurde im Westen zu einem Medienliebling, der eine regelrechte »Gorbimanie« auslöste. Seine Popularitätswerte im Westen lagen deutlich über denen von Bush und Thatcher. Das Gefühl einer Bedrohung durch die Sowjets, das die Spionageromanautoren jahrzehntelang in klingende Münze umgesetzt hatten, ließ stark nach. Schon vermuteten einige Kritiker, dass mit dem Ende des Kalten Krieges auch das Ende des Genres Spionageroman gekommen sei: »Gorbatschow ist der Killer des Agentenromans. Feiner formuliert: Die Perestrojka, das tatsächliche Ende des Kalten Krieges, ist nicht nur ein Neubeginn – sie ist der Totengräber eines literarischen Genres.« (Freitag, ›Gorbi als Killer des Spionage-Thrillers‹, *Bücherpick* 3/89) All diesen Unkenrufen zum Trotz erwiesen sich die Spionageromanautoren aber als flexibel genug, um auf die neue weltpolitische Lage reagieren zu können.

Für Le Carré erfüllte sich dank Glasnost ein lang gehegter Wunsch: Er durfte zum ersten Mal in die Sowjetunion reisen. 1987 erhielt er das Visum. Der sowjetische Kulturattaché in London erklärte dazu, wenn sie ihn reinließen, dann ließen sie wohl jeden rein. Le Carré absolvierte bei seinem Besuch in Moskau ein volles Programm. Er traf sich mit sowjetischen Schriftstellerkollegen und dem Regimekritiker Sacharow, hielt einen Vortrag vor Studenten und diskutierte mit Zeitungsredakteuren. Lediglich das Angebot, Kim Philby zu treffen, lehnte er höflich, aber bestimmt ab.

Literarische Ausbeute seiner Russlandreise ist der 1989 erschienene Roman DAS RUSSLAND-HAUS. Der Roman durfte auch in der Sowjetunion erscheinen und wurde von sowjetischen Kritikern als Entwicklungshilfe für den Reformprozess begrüßt. Auch die Verfilmung des Romans durfte an Originalschauplätzen in Moskau und Leningrad gedreht werden. Die Hauptrolle übernahm dabei ein Schauspieler, der ebenfalls aus der Kälte kam: Ex-Bond-Darsteller Sean Connery.

Die Story von DAS RUSSLAND-HAUS basiert auf Erfahrungen, die Le Carré während seines Besuches in der Sowjetunion machte. Viele alltägliche Dinge waren schlecht geregelt und die Technik funktionierte oft nur mangelhaft, so dass für ihn der Schluss nahe lag, auch die sowjetische Militärtechnik sei längst nicht so perfekt, wie im Westen angenommen werde:

> Die Idee hatte ich schon länger, daß wir den Gegner viel zu sehr verteufeln und wir eine Perestroika unserer eigenen Phantasie brauchen. Mein Rußland-Besuch hat die Idee untermauert: Wo immer ich hinkam, nichts klappte, nichts funktionierte, und in diesem Chaos sollte ein Militärapparat nahtlose Perfektion besitzen? (N. N., ›Wie wäre ich, wenn ich er wäre?‹, *Der Spiegel* 7. 8. 1989)

In Le Carrés Roman will ein sowjetischer Physiker mit dem Spitznamen *Goethe* genau diese Mängel der sowjetischen Militärmaschinerie publik machen. Er verfasst ein Manuskript, das der britische Verleger Barley Blair veröffentlichen soll. Doch das Manuskript landet versehentlich beim britischen Geheimdienst und löst dort Hektik und Panik aus. Die amerikanischen Vettern von der CIA schalten sich massiv ein. Beide Geheimdienste sind über Goethes Enthüllungen nicht gerade erfreut, denn die westlichen Geheimdienste haben mit dem Schreckgespenst der sowjetischen Bedrohung ihre eigene Existenz gerechtfertigt. Britischer Geheimdienst und CIA wittern eine gezielte Desinformation der Sowjets und schicken Barley nach Moskau, um mit Goethe Kontakt aufzunehmen. Barley verliebt sich in Katya, die als Mittlerin zwischen ihm und Goethe fungiert. Als der KGB Goethe verhaftet und auch Katya in Gefahr gerät, muss Barley sich entscheiden, wem seine Loyalität gehört: der Frau, die er liebt, oder seinem Land. Wie gewohnt entscheidet sich Le Carrés Protagonist für das Individuum und gegen die Organisation. Er folgt seinen Gefühlen und verrät seine Auftraggeber, um Katya zu retten.

Im Gegensatz zu seinen Kollegen Frederick Forsyth, Colin Forbes und Adam Hall, die im Jahre 1989 ebenfalls »Glasnost-Thriller« vorlegten, thematisiert Le Carré nicht die Gefahren und Chancen des innersowjetischen Reformprozesses, sondern befasst sich wie in seinen früheren Romanen mit der Haltung des Westens. Gorbatschows Reformpolitik biete Chancen für eine internationale Verständigung, aber – so argwöhnt Le Carré – der Westen sei daran gar nicht interessiert. Der Westen habe sich zu lange über die Feindschaft zum Osten definiert und gerate nun in eine Identitätskrise. Der Westen könne sich nicht aus den alten Denkschemata befreien, der Kalte Krieg sei wie eine Droge, die man nicht ohne Entzugserscheinungen absetzen könne:

> Ich selber habe nie daran gezweifelt, daß Britannien und die Vereinigten Staaten unter schweren Entzugserscheinungen zu leiden haben werden, wenn sie von ihrem Kalten-Kriegs-Trip runter müssen. Eine Menge Methadon, eine Menge liebevoller Fürsorge werden nötig sein für unsere sichere Rückkehr von der Sucht zur Normalität. (LEBEWOHL DEM KALTEN KRIEG, *Der Spiegel* 20. 11. 1989)

Es sind in erster Linie die professionellen Kalten Krieger, die Spione, die sich weigern, die neue weltpolitische Lage anzuerkennen. Sie fürchten um ihre Etats und Karrieren, ja sogar um ihre Existenzberechtigung, wenn sich der jahrzehntelange Feind plötzlich als Freund entpuppt. Ähnlich wie das Department in KRIEG IM SPIEGEL wollen auch die Spione in DAS RUSSLAND-HAUS nicht anerkennen, dass sich die Zeit geändert hat. Verteidigungspolitiker und Rüstungsindustrie haben von den internationalen Spannungen ebenfalls profitiert. Das Schreckgespenst der sowjetischen Bedrohung konnte von interessierten Kreisen im Westen gut benutzt werden, um die eigene Aufrüstung zu legitimieren.

Le Carré hat seine Botschaft in dem Artikel WARUM ICH AUS DER KÄLTE KAM (*Die Zeit* 29. 9. 1989) nochmals unterstrichen. Der Westen, so argumentiert er, stehe an einem Wendepunkt und müsse sich entscheiden, ob er die Sowjetunion immer tiefer im eigenen Morast versinken lassen oder den Sowjets die helfende Hand ausstrecken wolle, um sie bei ihren Reformen zu unterstützen. Für Le Carré ist die Wahl eindeutig. Er wertet Gorbatschows Reformpolitik als einen »einzigartige[n] historische[n] Augenblick, den wir nutzen müssen«. Voraussetzung dafür sei allerdings, dass der Westen sich aus den alten Denkschemata befreie. Nicht nur Spionageromanautoren, auch Politiker und Spione müssten endlich aus der Kälte kommen.

Das Ende des Kalten Krieges

Seit 1989 befindet sich die Welt im Umbruch. Der Kalte Krieg ist endgültig vorüber, der Warschauer Pakt hat sich aufgelöst. Die Berliner Mauer, an der der Spion, der aus der Kälte kam, erschossen wurde, ist den Mauerspechten zum Opfer gefallen. Berlin ist nicht länger der Spielplatz für Spione, Scharlatane und Rattenfänger, wie Le Carré die Stadt noch in EIN BLENDENDER SPION charakterisierte. Doch ebenso wie die Spionage lange vor dem Kalten Krieg entstand, so wird sie auch nach dessen Ende weitergehen. Den Gedanken, mit dem Ende des Kalten Krieges sei auch das Ende der Spione gekommen, weist Le Carré entschieden zurück:

> Aber bilden wir uns bloß nicht ein, daß die Spitzel, nur weil der Kalte Krieg vorbei ist, keine Konjunktur mehr hätten. In unsicheren Zeiten wie den unseren wieseln und wuseln die internationalen Nachrichten-Industrien wie nie zuvor, und in kommenden Jahrzehnten wird sich das Spionage-Milieu weiterhin als die Kollektiv-Couch erweisen, auf der die Nationen ihr Unterbewußtes preisgeben, ihre verborgenen Neurosen, Psychosen, Haßgefühle und Phantasien in die Mikrophone wispern. (LEBEWOHL DEM KALTEN KRIEG, *Der Spiegel* 20. 11. 1989)

Le Carrés Hauptfigur George Smiley äußert in DER HEIMLICHE GEFÄHRTE einen ähnlichen Gedanken:

> Er spottete über die Vorstellung, daß jetzt, am Ende des Kalten Krieges, Spionage ein aussterbender Beruf sei: mit jeder neuen Nation, die sich aus dem Eis hervorwage, sagte er, mit jeder Neuorientierung, jeder Wiederentdeckung alter Identitäten und Leidenschaften, mit jeder Auflockerung des alten Status quo bekämen die Spione haufenweise Arbeit. (S. 17)

Das Ende des Kalten Krieges führte den Spionageroman zwar in eine Krise, aber diese Krise kann man auch als Chance betrachten. Die Autoren können sich endlich von der Fixierung auf die Sowjetunion lösen und sich neuen Themen und Schauplätzen zuwenden. Dazu ist allerdings Flexibilität und genaue Recherche notwendig. Le Carré sagte für diesen Fall dem Genre eine Renaissance voraus:

> Wenn der Spionage-Autor von heute sich der Herausforderung zu stellen vermag, ist er fein raus. Er kann die Spinnweben einer alt und kalt und müde gewordenen Welt wegfegen, kann das obligatorische Gepäck des Kalten Krieges in den Mülleimer werfen und sich vielerlei neuen Jagdgründen zuwenden. Eine Ära versinkt, für das Spionage-Genre beginnt eine lange und stürmische Renaissance. Die Frage ist nur: Wie werden die Schriftsteller damit fertig?
>
> Der Spionage-Autor kann sich fast jedem Winkel auf dem Erdball in der vollen Gewißheit zuwenden, daß die Agenten,

> Waffenhändler und humanitären Hochstapler schon vor ihm da sind: in Angola, El Salvador, Sri Lanka, Kambodscha, Nord-Burma, Eritrea, Äthiopien, Libyen, dem Tschad. Um diese Schauplätze zu beschreiben, brauchen die Verfasser weit mehr Informationen als je zuvor. Die alten Klischees und Vorurteile des Ost-West-Konflikts werden ihnen in Zukunft sowenig nützen wie den Politikern unserer Tage. Gefordert sind: präziseres Denken, umfassenderes Wissen, Information sowohl wie Spannung, Provokation sowohl wie Unterhaltung. (LEBEWOHL DEM KALTEN KRIEG, *Der Spiegel* 20. 11. 1989)

Le Carré jedenfalls hatte keine Angst, sondern freute sich über die neuen Möglichkeiten. Einem Reporter gegenüber erklärte er:

> Es gibt wirklich viel mehr Dinge, über die man schreiben kann. Dazu ist etwas mehr Kopfarbeit nötig und etwas mehr Originalität, aber tatsächlich führt es wieder zur Basis der Spionage-Storys. Das ist wirklich großartig. Und der Spaß ist noch größer: schreibe ich jetzt vielleicht einmal etwas über Angola? Ich würde gern einen Kuba-Roman schreiben. Man kann heute eben überall hin. (Warren, ›Verrat ist ein Symbol unserer Gegenwart‹, *Die Welt* 16. 7. 1993)

Angesichts derartiger Ankündigungen wirkte sein nächster Roman DER HEIMLICHE GEFÄHRTE eher enttäuschend. Le Carré lieferte nur einen episodenhaften Rückblick auf den Kalten Krieg. Von Kritikern wurde zurecht der Vorwurf mangelnder Originalität erhoben. So argwöhnte die *FAZ* beispielsweise, Le Carré habe »für diese Publikation altes, früher nicht verwendbares Material aus der Schublade gezogen« (Freitag, ›Agent verliert Spickzettel‹, *FAZ* 13. 5. 1991) und *TIME* bezeichnete das Buch als a »series of outtakes from a story that has already been told« (Gray, ›Ice Cubes‹, *TIME* 14. 1. 1991). Der Reiz für diejenigen Leser, die mit Le Carrés fiktionaler Welt gut vertraut sind, liegt darin, alte Bekannte wiederzutreffen: Peter Guillam, Bill Haydon und vor allem die Geheimdienstlegende George Smiley, der für diesen Roman noch einmal reaktiviert wird. Viel Neues hat Le Carré allerdings nicht zu bieten, es werden alte Thesen aus seinen

Kalten-Kriegs-Romanen wiederholt. Der Geheimdienst wird wieder einmal als Mikrokosmos der Gesellschaft gesehen, als »ein kleines Spiegelbild des Englands, das er beschützt« (S. 24). Smiley betont, dass das Individuum der Masse vorgezogen werden müsse:

> Mich hat immer nur der *Mensch* interessiert [...] Ideologien haben mich nie im geringsten interessiert, es sei denn, sie waren wahnsinnig oder bösartig. Institutionen waren mir niemals so wichtig wie die in ihnen wirkenden Menschen, und Taktik war für mich immer nur eine Ausrede dafür, daß man keine Gefühle hatte. Dem *Menschen*, nicht der Masse, gehört unser Beruf. (S. 412)

Und natürlich wird auch die Frage angesprochen, ob der Zweck die Mittel heilige:

> Bilden Sie sich bitte niemals ein, daß die Methoden, die Sie anwenden, Ihnen selbst keinen Schaden zufügen. Der Zweck mag die Mittel rechtfertigen – wäre dem nicht so, dann wären Sie gar nicht hier, möchte ich meinen. Aber das hat seinen Preis, und dieser Preis ist gewöhnlich man selber. (S. 18)

In einem Punkt erweist sich der Roman dann allerdings doch als prophetisch:

> Ich dachte an Smileys Aphorismus über den Kalten Krieg, der von den richtigen Leuten verloren und von den falschen Leuten gewonnen wurde [...] Ich überlegte, ob ich ihm sagen sollte, daß wir uns jetzt, nachdem wir den Kommunismus besiegt hätten, an die Aufgabe machen müßten, den Kapitalismus zu besiegen (S. 429)

Diesen Gedanke, dass der Westen seinen Sieg nicht verdient habe, thematisiert Le Carré in seinen nächsten Romanen. Und tatsächlich übernimmt jetzt, nachdem die Dämonen des Kommunismus besiegt sind, ein Amok laufender Kapitalismus die Rolle des Feindbildes.

Wandel und Kontinuität in den neunziger Jahren

Rückblickend muss man feststellen, dass die neunziger Jahre keine gute Dekade für Spionageromanautoren waren. Mit dem Ende des Kalten Krieges kam zwar nicht das vielbeschworene Ende des Spionageromans, doch scheinbar hatten die Autoren Probleme, neue Krisenherde fiktional zu verarbeiten, und auch der breite Publikumsgeschmack änderte sich. Der Spionageroman schlitterte offenkundig in eine Krise, die wohl immer noch nicht überwunden ist:

> Like cashiered spies grooping for a mission, veteran literary spy masters are coming out of the cold war into a new world order that is hard on current sales and indifferent to their old-fashioned trench-coat espionage fiction. [...] The market is colder than a Siberian winter for espionage tales, many publishing executives and agents say, blaming the end of the cold war and shifts in readers' tastes. (Carvajal, ›The Spy Who Fell Onto the Remainder Table‹, *The New York Times* 22. 12. 1998)

Auch an John le Carré ging diese Krise nicht spurlos vorbei. Während DER SPION, DER AUS DER KÄLTE KAM über ein Jahr auf der Bestsellerliste der *New York Times* stand, schaffte DER SCHNEIDER VON PANAMA das gerade einmal sieben Wochen lang. Entsprechend geringer fielen auch die Vorschüsse aus, die Le Carré von seinen Verlegern erhielt. Und dennoch ist er eindeutig derjenige unter den Spionageromanautoren, der sich am besten auf die neue Situation eingestellt hat und die außerliterarischen Umbrüche fiktional verarbeitet hat. Während seine Kollegen beispielsweise jahrelange Pausen einlegten (Deighton) oder sich vom Spionageroman abwandten (Forsyth), hat Le Carré mehrere Romane vorgelegt, die neue Schauplätze (Panama, Kaukasus, Kenia) und neue Feindbilder (Waffenschieber, georgische Mafia, Pharmaindustrie) thematisieren.

Obwohl Le Carré sich anderen Themen zuwendet und den neuen politischen Gegebenheiten anpasst, ist auch eine Kontinuität in seinen Romanen vorhanden. Er schreibt nach wie vor über Männer, deren Ziele nicht mit denen ihrer Organisation übereinstimmen und die dadurch in einen Loyalitätskonflikt geraten. Er übt auch weiterhin Kritik an der Politik und dem unmoralischen Verhalten des Westens. Die neue Weltordnung, das wird sehr deutlich, entspricht offenkundig nicht den Wünschen und Hoffnungen, die er am Ende des Kalten Krieges hegte.

Le Carrés Desillusionierung kann man am deutlichsten an seinem Roman UNSER SPIEL illustrieren. Zu Beginn des Romans herrscht eine trügerische Harmonie. Tim Cranmer, ein ehemaliger Agent, wird frühpensioniert, denn, wie er sich von seinem Personalchef sagen lassen muss: »Kalte Krieger von siebenundvierzig kann man nicht recyceln, Tim.« (S. 34). So zieht er sich mit seiner jungen Geliebten auf sein Landgut zurück und genießt seinen Wohlstand. Der britische Geheimdienst macht sich derweil nach dem Sieg über die Kommunisten auf die Suche nach neuen Zielen in der Welt:

> Es war da, es war böse, Sie haben es ausspioniert, und jetzt ist es weg. Aber daß wir gewonnen haben, kann doch nicht heißen, daß der Kampf sinnlos gewesen ist, oder? Warum rufen wir nicht hurra, wir haben sie niedergemacht, der rote Hund ist tot und begraben, Zeit für die nächste Party. (S. 33)

Für einen ist der Kalte Krieg jedoch noch nicht vorbei. Larry Pettifer, ein alter Freund von Tim, ein linker Träumer und zugleich ein von Tim geführter Doppelagent, kann sich mit der neuen Politik des Westens nicht abfinden. Pettifer – ein typischer Le Carré-Held mit »Sympathie für den Einzelnen, nicht für das Kollektiv« (S. 88) – wirft dem Westen Verrat an seinen Idealen vor. Während westliche Politiker im Kalten Krieg stets auf das Selbstbestimmungsrecht der kleinen Völker pochten, sehen sie jetzt tatenlos zu, wie die Russen die Völker der Inguschen und Tschetschenen weiterhin unterdrücken.

> Während des Kalten Kriegs haben wir im Westen immer großspurig behauptet, wir verteidigten die Schwachen gegen die Tyrannen. Das war eine miese Lüge. Im Kalten Krieg und danach hat der Westen zur Verzweiflung genau der Menschen, die wir zu beschützen vorgaben, immer wieder aus Gründen der Stabilität, wie wir das nennen, gemeinsame Sache mit den Tyrannen gemacht. (S. 258)

Ein westlicher Kaukasusexperte stimmt Larry zu und übt scharfe Kritik an der Haltung des Westens:

> Planvolles Nichtstun ist noch die freundlichste Bezeichnung, die mir dafür einfällt: einfach die Ohren zuhalten und wegsehen, wenn die ethnischen Säuberer mit dem Staubsauger kommen und wiederherstellen, was die Politiker Normalität nennen. Anders gesagt, Washington ist alles recht, was Moskau anstellt, solange niemand die Pferde scheu macht. (S. 289)

Larry kann sich mit dieser moralischen Bankrotterklärung der westlichen Außenpolitik nicht abfinden. Er stiehlt dem KGB fast 40 Mio. Pfund, um den Inguschen zu helfen, und bezahlt seinen Idealismus mit dem Leben.

Larrys Einstellung spiegelt ziemlich genau die Einstellung von John le Carré wider. Le Carré hat in mehreren Artikeln konstatiert, dass der Westen nach Ende des Kalten Krieges genau die Ideale verraten hat, für die er zu kämpfen vorgab:

> Der Westen, schien mir, hatte jeden Schwur gebrochen, den wir im Kalten Krieg geleistet hatten. Wir schützten weiterhin die Starken vor den Schwachen. Wenn kleine Völker abgeschlachtet wurden, war ein besorgtes »Na, na« das beste, was wir, die Zuschauer, zustande brachten. (MOSKAUER LUFT, *Spiegel Spezial* 1/1998)

> Die Selbstbestimmung unterdrückter Nationen ist ein Eckpfeiler unserer antikommunistischen Doktrin gewesen. Ein halbes Jahrhundert lang haben wir es von allen Dächern gepredigt, daß am Tag, an dem die Demokratie an die Stelle der Tyrannei trete, die Opfer über die Tyrannen erhoben und kleine Nationen frei ihr Schicksal bestimmen würden. Keine Chance. (SCHLAFENDE DÄMONEN, *Der Spiegel* 26. 12. 1994)

Le Carré bewertet die gegenwärtige weltpolitische Situation als eine Fortführung des Kalten Krieges mit anderen Mitteln. Noch immer erscheine die Welt dichotomisch zweigeteilt, zwar nicht mehr in

Militärblöcke, aber dafür in Einflusssphären. Einen Plan, wie die Welt nach dem Sieg über den Kommunismus aussehen sollte, habe der Westen offenkundig nicht gehabt. So sehe der Westen tatenlos zu, wenn die Russen in ihrem Hinterhof scheinbar für Ruhe und Ordnung sorgen, denn die Bereitschaft, sich in regionale ethnische Konflikte im Rest der Welt einzumischen, sei bei den westlichen Führern nicht sehr ausgeprägt:

> Doch allmählich, wider alle Bemühungen unserer »Experten« – den Beamten und Politikern, keiner ohne verkappte Interessen –, behauptete sich der gesunde Menschenverstand und unsere westlichen Führer mußten zugeben, daß der Feind eingepackt und das Feld geräumt habe. Diese Offenbarung machte wenige unter ihnen glücklich. »Sie meinen, wir müssen uns wirklich um die andere Hälfte der Welt kümmern? Gott, wie lästig, gerade, wo wir so reich werden.« (SCHLAFENDE DÄMONEN, *Der Spiegel* 26. 12. 1994)

Ein ähnliches Motiv liegt seinem bislang letzten Roman DER EWIGE GÄRTNER zugrunde. Justin Quayle, Diplomat an der britischen Botschaft in Kenia, gilt als pflichtbewusst, verlässlich, aber farblos. Als seine Ehefrau Tessa brutal ermordet wird und Justin das Gefühl hat, die britischen Behörden wollten die Aufklärung des Mordes verhindern, muss er sich entscheiden, wem gegenüber er sich loyal verhalten will: der Institution, der er fast sein gesamtes Leben treu gedient hat oder der Frau, die er geliebt hat. Justin entscheidet sich – wie üblich bei Le Carré – für das Individuum und gegen die Institution. Justin ist ein *honourable schoolboy*, der sich seinen Sinn für Moral und Gerechtigkeit bewahrt hat. Er wird zum Agent in eigener Sache; ein Gärtner, der den Mörder jagt. Er folgt Tessas Spuren und findet heraus, dass sie einen Skandal aufgedeckt hat. Ein westlicher Pharmakonzern hat kranke Afrikaner ohne deren Wissen als menschliche Versuchskaninchen benutzt, um die Nebenwirkungen eines neuen Medikaments zu testen. Tessa hat die britische Regierung aufgefordert, dagegen einzuschreiten, doch der Pharmakonzern hat mit dem Verlust von Arbeitsplätzen gedroht, und die britische Regierung hat die Angelegenheit vertuscht. Als Tessa gefährlich zu werden drohte, wurde sie kurzerhand zum Schweigen gebracht. Auch Justin erhält mehrfach Warnungen, seine Nachforschungen weiterzuführen. Aber er geht seinen selbstgewählten Weg konstant weiter, bis auch er schließlich im Herz der Finsternis ermordet wird.

Le Carré wollte einen Roman über die Machenschaften von westlichen Großunternehmen in der Dritten Welt schreiben. Zuerst dachte er an Shell und Nigeria, doch als er von den Aktivitäten westlicher Pharmamultis in der Dritten Welt erfuhr, stand sein Thema fest. Nachdem er jahrzehntelang gegen die Verbrechen des Kommunismus angeschrieben hat, wendet er sich nun den »Verbrechen eines ungezügelten Kapitalismus« (BIG PHARMA VS. MENSCHENLEBEN, *Die Welt* 5. 3. 2001) zu. Die Hoffnungen, nach dem Fall der Mauer eine bessere Welt zu schaffen, haben sich nicht erfüllt. Le Carré geht davon aus, dass die Politik nicht wirklich von den Politikern bestimmt wird, sondern – ein fast schon marxistischer Gedanke – primär von der Profitgier großer Konzerne. Die Vermutung, dass die richtige Seite verloren, aber die falsche Seite gewonnen habe, die er in DER HEIMLICHE GEFÄHRTE äußerte, ist jetzt zur Gewissheit geworden:

> Werden die Länder noch von ihren Regierungen regiert? Die Regierungen von ihren Präsidenten? Im Kalten Krieg hat die richtige Seite verloren, aber die falsche gewonnen, sagte einmal ein kluger Kopf in Berlin. Ein kleiner Hoffnungsschimmer blitzte damals auf. Anfang der neunziger Jahre, als etwas Wunderbares hätte sein können: ein Marshallplan, die großzügige Aussöhnung alter Feinde, die Erneuerung alter Bündnisse und, für die Dritte und Vierte Welt, eine Kampfansage an die wahren Feinde der Menschheit – Hunger, Seuchen, Armut, ökologische Verwüstung, Despotismus und Kolonialismus in all seinen Manifestationen. Aber dieser Wunschtraum setzte voraus, dass aufgeklärte Nationen wie aufgeklärte Nationen auftreten, nicht wie gedungene Sprachrohre von Milliarden-Dollar-Multis, die die Ausbeutung der Kranken und Sterbenden dieser Welt als heilige Pflicht gegenüber ihren Aktionären betrachten. (BIG PHARMA VS. MENSCHENLEBEN, *Die Welt* 5. 3. 2001)

Neben der Kritik am Verrat der westlichen Ideale sind autobiografische Elemente das zweite verbindende Thema, das Le Carré sowohl in seinen Kalten-Kriegs-Romanen als auch in seinen Post-Kalten-Kriegs-Romanen verwendet. Er hat in den letzten Jahren mehrfach seine Absicht geäußert, seine Autobiografie schreiben zu wollen, in der er insbesondere sein Verhältnis zu Ronnie aufarbeiten wolle. Er hatte sogar schon Privatdetektive angeheuert, die Personen ausfindig machen sollten, die Ronnie in seine kriminellen Transaktionen verwickelt hatte, doch diese Autobiografie hat er bislang nicht geschrieben. Aber immer wieder greift er in seinen Romanen auf seine Biografie zurück. So ist etwa der international operierende Gangster Roper aus DER NACHTMANAGER wieder ein fiktionales Abbild von Ronnie. In DER SCHNEIDER VON PANAMA, einer Hommage an Graham Greenes ›Unser Mann in Havanna‹, ist die Hauptfigur ein tapferes Schneiderlein, das seine wenig ruhmreiche Vergangenheit hinter Lügen versteckt und schließlich vom britischen Geheimdienst angeworben wird – eine Überschneidung von Schwindler und Spion, die Le Carré aus eigener Erfahrung kennt.

Am deutlichsten schließlich werden die autobiografischen Elemente in SINGLE & SINGLE. Tiger Single, Chef eines britischen Finanzhauses, hat sich als Geldwäscher für die georgische Mafia betätigt. Nachdem der Ost-West-Gegensatz überwunden ist, arbeiten Kriminelle beider Seiten jetzt Hand in Hand, geleitet von der gemeinsamen Gier nach Profit. Die kapitalistischen Prinzipien gelten jetzt auch in der früheren Sowjetunion. Georgische Mafiosi machen Geschäfte mit allem, was Geld bringt, seien es Drogen oder Blut. Auf der britischen Seite hat Tiger Single seinen Sohn Oliver Single in die kriminellen Geschäfte verwickelt, und der muss sich nun entscheiden, ob er die kriminellen Aktivitäten seines Vaters decken will – eine Frage, die angesichts Le Carrés Beziehung zu seinem kriminellen Vater autobiografisch wirkt:

> Dabei habe ich mich gefragt: Wie hätte ich reagiert, wenn mein Vater mich früher als Juniorpartner in eines seiner Unternehmen genommen hätte, wie es in der Firma Single & Single geschieht? Hätte ich mitgemacht? Wäre ich ausgestiegen, wenn ich dahinter gekommen wäre, daß er krumme Geschäfte gemacht

> hätte? Hätte ich meinen Vater verraten? (Petschull, ›Väter, Söhne und Verräter‹, *Stern* 22. 4. 1999)

In demselben Interview mit Jürgen Petschull bekennt sich Le Carré dazu, dass die Kindheit das Grundkapital eines jeden Schriftstellers sei: »[...] je älter ich werde, desto mehr beschäftigen mich meine Kindheit und Jugend.«

John le Carré ist sich und seinen Themen also auch nach Ende des Kalten Krieges treu geblieben. Ein vorzeitiges Ende seiner literarischen Karriere ist nicht zu befürchten. Ebenso wenig wie die Geheimagenten aller Länder in den Vorruhestand gehen, ist zu erwarten, dass John le Carré sich auf sein Altenteil zurückzieht:

> Sie möchten wissen, ob es eine Frage gibt, die ich mir selbst stellen möchte. Ja: »Okay, Cornwell. Du bist nun über 30 Jahre lang John le Carré gewesen, das Schreiben war dir zuträglich, ebenso wie der Kalte Krieg. Warum legst du nicht deinen Füller beiseite und ziehst dich aufs Cap Ferrat zurück?«
>
> Die Antwort lautet: Ich bin ein zorniger alter Mann geworden, ebenso ungeduldig wie irgendein junger darauf wartend, daß die Welt sich weiterentwickelt. Und die Welt in ihrer heutigen Situation könnte sogar ein Fossil erzürnen. Warum vergeuden wir den Frieden, den wir errungen haben? (Wo ist der Löwe, der brüllt?, *Der Spiegel* 9. 8. 1993)

Jost Hindersmann · Thomas Przybilka

John le Carré – eine Bibliografie

Vorbemerkung

Die vorliegende Bibliografie ist die derzeit umfangreichste zur Literatur von und über John le Carré. Das Ziel bei der Erstellung der Bibliografie war, dem Benutzer (Wissenschaftler, Student, interessierter Leser) eine Liste von Büchern, Zeitschriftenaufsätzen und Artikeln an die Hand zu geben, die auch in deutschen Bibliotheken bzw. über den Fernleihverkehr verfügbar sind.

Eine Vollständigkeit konnte selbstverständlich nicht das Ziel der Arbeit sein. Schon bei der Primärliteratur gibt es mehrere Artikel von Le Carré, bei denen nicht verifiziert werden konnte, ob und gegebenenfalls wo eine englische Version erschienen ist. Dazu muss auch gesagt werden, dass Le Carré selbst und sein Agent uns keine Liste seiner Veröffentlichungen liefern wollten.

Um nicht den Anschein zu erwecken, diese Bibliografie sei ein rein zufälliges Produkt mehr oder minder planlosen Sammelns, sollen hier kurz die Kriterien vorgestellt werden, nach denen Dokumente erfasst worden sind:

Formal gesehen wurden Monografien, Dissertationen, Artikel in Sammelbänden und Zeitschriften sowie Zeitungsartikel aufgenommen. Nicht aufgenommen wurden graue Literatur, AV-Medien (zum Beispiel TV-Berichte) und elektronische Veröffentlichungen (zum Beispiel Homepages im Internet).

Was die Sprache der verzeichneten Dokumente betrifft, so wurde nur deutsch- und englischsprachige Literatur erfasst. Bei der Primärliteratur wurde von Le Carrés Romanen jeweils die erste englische und deutsche Ausgabe aufgenommen, von seinen übrigen Veröffentlichungen, falls möglich, die englische und die deutsche Version.

Was inhaltliche Kriterien betrifft, so wurden nur Dokumente aufgenommen, die sich mit dem Leben oder dem Werk von Le Carré befassen. Nicht aufgenommen wurden Dokumente, die Le Carré erwähnen, die aber keine inhaltliche Auseinandersetzung mit seinen Werken liefern. Beispiele hierfür sind etwa Artikel, in denen lediglich Tendenzen auf dem Buchmarkt thematisiert werden und Le Carré als einer der Bestsellerautoren genannt wird, oder Artikel über reale Spionagefälle, in denen die Wendung »wie in einem Roman von John le Carré« benutzt wird. Artikel zu Verfilmungen oder Vertonungen seiner Werke wurden ebenfalls nicht aufgenommen.

Im folgenden soll kurz die Vorgehensweise bei der Erstellung der Bibliografie erklärt werden. Zur Recherche wurden folgende Datenbanken benutzt: *MLA International Bibliography (MLAIB), Annual Bibliography of English Language and Literature* (ABELL), *Arts & Humanities Citation Index (A&HCI), Online Contents* (OLC), *Internationale Bibliografie der geistes- und sozialwissenschaftlichen Zeitschriftenliteratur* (IBZ), *Periodical Contents Index (PCI), Journal Articles Database* (JADE), *Academic Research Library*, *OCLC ArticleFirst*. Da die einzelnen Datenbanken jeweils eine Vielzahl von Zeitschriften auswerten, ergibt sich so indirekt eine umfangreiche Liste von Zeitschriften, die für diese Bibliografie ausgewertet wurden. Außerdem wurde in nationalen und internationalen Bibliothekskatalogen über den Karlsruher Virtuellen Katalog (KVK) recherchiert. Für Zeitungsartikel wurden die Internet- bzw. CD-ROM-Ausgaben der folgenden überregionalen Zeitungen durchsucht: *Frankfurter Allgemeine Zeitung*, *Frankfurter Rundschau*, *Neue Zürcher Zeitung*, *Der Spiegel*, *Süddeutsche Zeitung*, *die tageszeitung*, *Die Welt*, *Die Zeit*, *The Guardian*, *The Observer*, *The New York Times*, *The Times*. Dazu kamen Artikel aus dem Bonner Krimi Archiv [Sekundärliteratur] BoKAS, von der Autorendokumentation der Stadt- und Landesbibliothek Dortmund, dem Innsbrucker Zeitungsarchiv (IZA) sowie Rezensionen, die uns freundlicherweise von den Pressestellen der Verlage Zsolnay, Kiepenheuer & Witsch und List zur Verfügung gestellt wurden.

Die Bibliografie ist systematisch angelegt: Bei der Primärliteratur wird zwischen Romanen und anderen Veröffentlichungen unterschieden. Interviews werden zur Primärliteratur gerechnet und gesondert aufgelistet. Bei der Sekundärliteratur werden zuerst allgemeine Nachschlagewerke aufgeführt. Es folgt Literatur über Le

Carré und andere Autoren und dann Literatur, die sich ausschließlich mit Le Carré befasst. Bei diesen beiden Abschnitten wird noch zwischen Monographien, Artikeln in Sammelbänden und wissenschaftlichen Zeitschriften sowie Artikeln in Zeitungen unterschieden. Anschließend werden Rezensionen zu seinen einzelnen Werken aufgelistet. Den Schluss bildet eine Filmografie seiner Romanverfilmungen.

Trotz des Bemühens um Autopsie konnten speziell bei Zeitungsartikeln nicht in allen Fällen die Seitenangaben ermittelt werden.

Diese Bibliografie ist das Gemeinschaftswerk zweier Personen, die unterschiedliche Schwerpunkte gesetzt haben: Jost Hindersmann hat vor allem die wissenschaftliche und englischsprachige Literatur eingebracht, Thomas Przybilka vor allem die deutschsprachigen Zeitungsartikel. Für die Aufnahmekriterien und die Gliederung trägt Jost Hindersmann die Verantwortung.

1. Primärliteratur

1.1 Romane (Erstausgaben)
1.1.1 Englisch

Call for the Dead, London: Gollancz, 1961. Deutschsprachige Erstausgabe: Schatten von gestern, Wien: Zsolnay, 1963.

A Murder of Quality, London: Gollancz, 1962. Deutschsprachige Erstausgabe: Ein Mord erster Klasse, Wien: Zsolnay, 1966.

The Spy Who Came in from the Cold, London: Gollancz, 1963. Deutschsprachige Erstausgabe: Der Spion, der aus der Kälte kam, Wien: Zsolnay, 1964.

The Looking-Glass War, London: Heinemann, 1965. Deutschsprachige Erstausgabe: Krieg im Spiegel, Wien: Zsolnay, 1965.

A Small Town in Germany, London: Heinemann, 1968. Deutschsprachige Erstausgabe: Eine kleine Stadt in Deutschland, Wien: Zsolnay, 1968.

The Naive and Sentimental Lover, London: Hodder & Stoughton, 1971. Deutsche Erstausgabe: Der wachsame Träumer, Hamburg: Hoffmann und Campe, 1972.

Tinker, Tailor, Soldier, Spy, London: Hodder & Stoughton, 1974. Deutsche Erstausgabe: Dame, König, As, Spion, Hamburg: Hoffmann und Campe, 1974.

The Honourable Schoolboy, London: Hodder & Stoughton, 1977. Deutsche Erstausgabe: Eine Art Held, Hamburg: Hoffmann und Campe, 1977.

Smiley's People, London: Hodder & Stoughton, 1980. Deutsche Erstausgabe: Agent in eigener Sache, Hamburg: Hoffmann und Campe, 1980.

The Little Drummmer Girl, London: Hodder & Stoughton, 1983. Deutsche Erstausgabe: Die Libelle, Köln: Kiepenheuer und Witsch, 1983.

A Perfect Spy, London: Hodder & Stoughton, 1986. Deutsche Erstausgabe: Ein blendender Spion, Köln: Kiepenheuer und Witsch, 1986.

The Russia House, London: Hodder & Stoughton, 1989. Deutsche Erstausgabe: Das Russland-Haus, Köln: Kiepenheuer und Witsch, 1989.

The Secret Pilgrim, London: Hodder & Stoughton, 1991. Deutsche Erstausgabe: Der heimliche Gefährte, Köln: Kiepenheuer und Witsch, 1991.

The Night Manager, London: Hodder & Stoughton, 1993. Deutsche Erstausgabe: Der Nachtmanager, Köln: Kiepenheuer und Witsch, 1993.

Our Game, London: Hodder & Stoughton, 1995. Deutsche Erstausgabe: Unser Spiel, Köln: Kiepenheuer und Witsch, 1995.

The Tailor of Panama, London: Hodder & Stoughton, 1996. Deutsche Erstausgabe: Der Schneider von Panama, Köln: Kiepenheuer und Witsch, 1997.

Single & Single, London: Hodder & Stoughton, 1999. Deutsche Erstausgabe: Single & Single, Köln: Kiepenheuer und Witsch, 1999.

The Constant Gardener, London: Hodder & Stoughton, 2001. Deutsche Erstausgabe: Der ewige Gärtner, München: List, 2001.

1.1.2 Deutsch

SCHATTEN VON GESTERN, Wien: Zsolnay, 1963. Zitierte Ausgabe: München: Heyne, 1989. Originaltitel: CALL FOR THE DEAD.

EIN MORD ERSTER KLASSE, Wien: Zsolnay, 1966. Zitierte Ausgabe: München: dtv, 1998. Originaltitel: A MURDER OF QUALITY.

DER SPION, DER AUS DER KÄLTE KAM, Wien: Zsolnay, 1964. Originaltitel: THE SPY WHO CAME IN FROM THE COLD.

KRIEG IM SPIEGEL, Wien: Zsolnay, 1965. Zitierte Ausgabe: München: Heyne, 1989. Originaltitel: THE LOOKING-GLASS WAR.

EINE KLEINE STADT IN DEUTSCHLAND, Wien: Zsolnay, 1968. Originaltitel: A SMALL TOWN IN GERMANY.

DER WACHSAME TRÄUMER, Hamburg: Hoffmann und Campe, 1972. Originaltitel: THE NAIVE AND SENTIMENTAL LOVER.

DAME, KÖNIG, AS, SPION, Hamburg: Hoffmann und Campe, 1974. Zitierte Ausgabe: München: List, 2002. Originaltitel: TINKER, TAILOR, SOLDIER, SPY.

EINE ART HELD, Hamburg: Hoffmann und Campe, 1977. Originaltitel: THE HONOURABLE SCHOOLBOY.

AGENT IN EIGENER SACHE, Hamburg: Hoffmann und Campe, 1980. Zitierte Ausgabe: München: Knaur, 1982. Originaltitel: SMILEY'S PEOPLE.

DIE LIBELLE, Köln: Kiepenheuer und Witsch, 1983. Originaltitel: THE LITTLE DRUMMMER GIRL.

EIN BLENDENDER SPION, Köln: Kiepenheuer und Witsch, 1986. Originaltitel: A PERFECT SPY.

DAS RUSSLAND-HAUS, Köln: Kiepenheuer und Witsch, 1989. Originaltitel: THE RUSSIA HOUSE.

DER HEIMLICHE GEFÄHRTE, Köln: Kiepenheuer und Witsch, 1991. Originaltitel: THE SECRET PILGRIM.

DER NACHTMANAGER, Köln: Kiepenheuer und Witsch, 1993. Originaltitel: THE NIGHT MANAGER.

UNSER SPIEL, Köln: Kiepenheuer und Witsch, 1995. Originaltitel: OUR GAME.

DER SCHNEIDER VON PANAMA, Köln: Kiepenheuer und Witsch, 1997. Originaltitel: THE TAILOR OF PANAMA.

SINGLE & SINGLE, Köln: Kiepenheuer und Witsch, 1999. Originaltitel: SINGLE & SINGLE.

DER EWIGE GÄRTNER, München: List, 2001. Originaltitel: THE CONSTANT GARDENER.

1.2 Andere Veröffentlichungen

1.2.1 Andere Veröffentlichungen (Englisch)

THE WRITER AND THE SPY, *Daily Telegraph* 29. 3. 1964, S. 18.

YOU CAN'T SACK A COLLEGE BOY, *The Spectator* 27. 11. 1964, S. 699f.

WHAT EVERY WRITER WANTS, *Harper's Magazine* November 1965, S. 142–145.

WRONG MAN ON CRETE, *Holiday* December 1965, S. 74f.

TO RUSSIA, WITH GREETINGS: AN OPEN LETTER TO THE MOSCOW LITERARY GAZETTE, *Encounter* May 1966, S. 3–6.

THE SPY TO END SPIES: ON RICHARD SORGE, *Encounter* November 1966, S. 88f.

DARE I WEEP, DARE I MOURN, *Saturday Evening Post* 28. 1. 1967, S. 54–60.

INTRODUCTION. In: Bruce Page, David Leitch und Phillip Knightley, Philby: The Spy Who Betrayed a Generation, London: Deutsch, 1968, S. 9–24. Deutsche Übersetzung: VORWORT. In: Bruce Page, David Leitch und Phillip Knightley, Philby: Der Spion, der seine Generation verriet, Reinbek: Rowohlt, 1968, S. 9–25.

WHAT RITUAL IS BEING OBSERVED TONIGHT?, *Saturday Evening Post* 2. 11. 1968, S. 60–65.

A WRITER AND A GENTLEMAN, *Saturday Review* 30. 11. 1968, S. 4–6.

THE END OF THE LINE, TV-Film, ausgestrahlt am 29. 6. 1970. Deutsche Version: ENDSTATION: EIN FERNSEHSPIEL, Köln: Kiepenheuer & Witsch, 1985.

VOCATION IN A WORLD OF PAIN, *The Sunday Times* 25. 10. 1970.

WELL PLAYED, WOODEHOUSE, *The Sunday Times* 10. 10. 1971.

IN A SMALL PLACE IN CORNWALL, *Daily Telegraph Magazine* 6. 9. 1974, S. 105f., 111f.

IN ENGLAND NOW, *The New York Times Magazine* 23. 10. 1977, S. 34f., 86f.

ENGLAND MADE ME, *The Observer* 13. 11. 1977, S. 25.

BOOK-OF-THE-YEAR CHOICE, *The Sunday Times* 4. 12. 1977.

AN AMERICAN SPY STORY, *The New York Times Book Review* 14. 10. 1979, S. 1, 46–48.

AT LAST, IT'S SMILEY, *Sunday Telegraph Magazine* 21. 10. 1979, S. 105–112.

TINKER, TAILOR AND THE MOLE THAT NEVER WAS, *The Guardian* 7. 11. 1979, S. 14.

UNLICENSED TO QUOTE, *The Times* 17. 3. 1981.

WORLD SERVICE, *The Times* 1. 7. 1981, S. 15.

INTRODUCTION. In: Don McCullin, Hearts of Darkness, London: Secker & Warburg, 1980. Deutsche Übersetzung: VORWORT. In: Don McCullin, Die im Dunkeln, Wien: Zsolnay, 1982, S. 7–21.

OPTICAL ILLUSIONS, *The Times* 22. 3. 1982, S. 11.

MEMORIES OF A VANISHED LAND, *The Observer* 13. 6. 1982, S. 9f. Deutsche Übersetzung: ›SIR, ICH KÄMPFE AUS LIEBE ZU PALÄSTINA‹, *Die Weltwoche* 30. 6. 1982.

Exiles in the White Hotel, *The Observer* 26. 6. 1983, S. 25f.

The Betrayal, *The Observer* 3. 7. 1983, S. 23f.

Hughes of Hong Kong, *The Sunday Times* 8. 1. 1984, S. 9a, b.

Spying on my Father, *The Sunday Times* 16. 3. 1986, S. 33f. Deutsche Übersetzungen: Mein Vater machte mich zum Spion, *Die Zeit* 29. 8. 1986, S. 38f.; Meinem Vater nachspionieren, *du – Die Zeitschrift der Kultur* 3/1998, S. 65–69.

Don't be Beastly to your Secret Service, *The Sunday Times* 23. 3. 1986. Deutsche Übersetzung: Jawohl, ein Spion, *Die Zeit* 9. 5. 1986, S. 82f.

The Clandestine Muse, *John Hopkins Magazine* August 1986, S. 11–16.

Inside Books: John le Carré on Perfect Spies and Other Characters, *Writer's Digest* February 1987, S. 20f.

Why I Came in from the Cold, *The New York Times* 29. 9. 1989. Deutsche Übersetzung: Warum ich aus der Kälte kam, *Die Zeit* 29. 9. 1989, S. 3.

Smiley's People are Alive and Well, *The Guardian* 16. 11. 1989, S. 21f.

Will Spy Novels Come in from the Cold?, *Washington Post* 19. 11. 1989, S. D4. Deutsche Übersetzung: Lebewohl dem Kalten Krieg, *Der Spiegel* 20. 11. 1989, S. 246–248.

My Secret World, *The Sunday Times* 17. 6. 1990, S. 31f.

The Unbearable Peace, *Granta* 35 (1991), 11–76. Deutsche Übersetzung: Ein guter Soldat, Köln: Kiepenheuer und Witsch, 1991.

Tinpots, Saviors, Lawyers, Spies, *The New York Times* 4. 5. 1993, S. A25.

Spying ... the Passion of My Time, *Queen's Quarterly* 100: 2 (1993), S. 269–272.

The Lawnmower that Came in from the Cold, *The Guardian* 6. 5. 1993, S. 1. Deutsche Übersetzung: Markus Wolf, Karla und mein Rasenmäher, *Frankfurter Allgemeine Zeitung* 8. 5. 1993, S. 27.

Demons Dance as the West Watches, *The Observer* 18. 12. 1994, S. 21. Auch veröffentlicht als: The Shame of the West, *The New York Times* 14. 12. 1994, S. A23. Deutsche Übersetzung: Schlafende Dämonen, *Der Spiegel* 26. 12. 1994, S. 114–117.

Quel Panama!, *The New York Times Magazine* 13. 10. 1996. Deutsche Übersetzung: Fast eine nette Bananen-Republik, *Stern* 5. 12. 1996.

My New Friends in the New Russia: In Search of a Few Good Crooks, Cops and Former Agents, *The New York Times* 19. 2. 1995. Deutsche Übersetzung: Moskauer Luft, *Spiegel Spezial* 1/1998, S. 128–131.

Preface: A Mission into Enemy Territory. In: Alec Guinness, My Name Escapes Me: The Diary of a Retiring Actor, London: Hamish Hamilton, 1996, S. VII–X.

The Inheritor. In: Rex Cowan und Frank Gibson, A Century of Images: Photographs by the Gibson Family, London: Deutsch, 1997. Deutsche Übersetzung: Die Gezeiten vor Land's End: Begegnungen mit den Gibsons, *du – Die Zeitschrift der Kultur* 3/1998, S. 22–28.

Nervous Times: An Address Given at the Savoy Hotel at the Annual Dinner of the Anglo-Israel Association on 10th November 1997, London: Anglo-Israel Association, 1998. [Limitierte Ausgabe von 250 numerierten Exemplaren, vom Autor signiert] Deutsche Übersetzung: Über das Recht, Freunde zu kritisieren, *du – Die Zeitschrift der Kultur* 3/1998, S. 48–51.

Under Deep Cover, *The New York Times* 19. 9. 1999, S. 124.

Sarratt and the Draper of Watford. In: John le Carré, Sarratt and the Draper of Watford; and Other Unlikely Stories about Sarratt from International Authors, [Sarratt?]: [Village Books?], [1999?], S. 11–19. Deutsche Übersetzung: In der Welt John [sic!] Smileys ist die Heimat gefährlich, *Die Welt* 31. 12. 1999, Literarische Welt S. 6f.

Foreword. In: John C. Q. Roberts, Speak Clearly into the Chandelier: Cultural Politics between Britain and Russia 1973–2000, Richmond: Curzon, 2000, S. XI–XIII.

The Biggest Pushers of All, *The Spectator* 16./23. 12. 2000, S. 14–16.

An Actor, Prepared, *New York Times Magazine* 7. 1. 2001, S. 50f.

A lot of Very Greedy People, *The Guardian* 12. 2. 2001. Auch veröffentlicht als: In Place of Nations, *The Nation* 9. 4. 2001. Deutsche Übersetzungen: Big Pharma vs. Menschenleben, *Die Welt* 5. 3. 2001, S. 7; Bittere Pillen, *Frankfurter Rundschau* (Magazin) 10. 3. 2001.

The Constant Muse, *The Observer* 25. 2. 2001. Deutsche Übersetzung: Die ewige Muse, *Die Welt* 31. 3. 2001.

A War We Cannot Win, *The Nation* 19. 11. 2001, S. 15–17. Deutsche Übersetzung: Dieser Krieg ist längst verloren, *Frankfurter Allgemeine Zeitung* 17. 10. 2001, S. 49.

1.2.2 Andere Veröffentlichungen (Deutsch)

Wieviel Morde sind glaubwürdig?, *Der Spiegel* 31. 3. 1965, S. 136.

Ein Buch ist kein Film, *Die Weltwoche* 11. 3. 1966.

Der Hut stammt von Bond, *Der Spiegel* 23. 10. 1967, S: 190-193.

Vorwort. In: Bruce Page, David Leitch, Phillip Knightley, Philby: Der Spion, der seine Generation verriet, Reinbek: Rowohlt, 1968, S. 9–25. Engl. Originaltitel: Introduction. In: Bruce Page, David Leitch, Phillip Knightley, Philby: The Spy Who Betrayed a Generation, London: Deutsch, 1968, S. 9–24

Endstation. Ein Fernsehspiel, Köln: Kiepenheuer & Witsch, 1985. Engl. Originaltitel: The End of the Line, TV-Film, ausgestrahlt 29. 6. 1970.

Der Kanzler, der in die Kälte kam, *Der Spiegel* 6. 5. 1974, S. 152f.

Ich über mich, *Buchreport* 4. 10. 1974, S. 10.

Gab es George Smiley wirklich? Ja. Nein. Vielleicht Spion?, *Börsenblatt für den Deutschen Buchhandel* 6. 5. 1980, S. 1082f.

Vorwort. In: Don McCullin, Die im Dunkeln, Wien: Zsolnay, 1982, S. 7–21. Engl. Originaltitel: Introduction. In: Don McCullin, Hearts of Darkness, London: Secker & Warburg, 1980.

›Sir, ich kämpfe aus Liebe zu Palästina‹, *Die Weltwoche* 30. 6. 1982. Engl. Originaltitel: Memories of a Vanished Land, *The Observer* 13. 6. 1982, S. 9f.

Mein Vater machte mich zum Spion, *Die Zeit* 29. 8. 1986, S. 38f. Engl. Originaltitel: Spying on my Father, *The Sunday Times* 16. 3. 1986, S. 33f.

Meinem Vater nachspionieren, *du – Die Zeitschrift der Kultur* 3/1998, S. 65–69. Engl. Originaltitel: Spying on my Father, *The Sunday Times* 16. 3. 1986, S. 33f.

Jawohl, ein Spion, *Die Zeit* 9. 5. 1986, S. 82f. Engl. Originaltitel: Don't Be Beastly to your Secret Service, *The Sunday Times* 23. 3. 1986.

Ich bin so subversiv wie mein Spion, *Rheinischer Merkur/Christ und Welt* 20. 2. 1987.

Warum ich aus der Kälte kam, *Die Zeit* 29. 9. 1989, S. 3. Engl. Originaltitel: Why I Came in from the Cold, *The New York Times* 29. 9. 1989.

Lebewohl dem Kalten Krieg, Der Spiegel 20. 11. 1989, S. 246–248. Engl. Originaltitel: Will Spy Novels Come in from the Cold?, Washington Post 19. 11. 1989, D4.

Ein guter Soldat, Köln: Kiepenheuer und Witsch, 1991. Engl. Originaltitel: The Unbearable Peace, Granta 35 (1991), S. 11–76.

Markus Wolf, Karla und mein Rasenmäher, *Frankfurter Allgemeine Zeitung* 8. 5. 1993, S. 27. Engl. Originaltitel: The Lawnmower that Came in from the Cold, *The Guardian* 6. 5. 1993, S. 1.

Wo ist der Löwe, der brüllt?, *Der Spiegel* 9. 8. 1993, S. 149–152.

Schlafende Dämonen, *Der Spiegel* 26. 12. 1994, S. 114–117. Engl. Originaltitel: Demons Dance as the West Watches, *The Observer* 18. 12. 1994, 21. Auch veröffentlicht als: The Shame of the West, *The New York Times* 14. 12. 1994, A23.

Fast eine nette Bananen-Republik, *Stern* 5. 12. 1996. Engl. Originaltitel: Quel Panama!, *The New York Times Magazine* 13. 10. 1996.

Moskauer Luft, *Spiegel Spezial* 1/1998, S. 128–131. Engl. Originaltitel: My New Friends in the New Russia: In Search of A Few Good Crooks, Cops and Former Agents, *The New York Times* 19. 2. 1995.

Die Gezeiten vor Land's End: Begegnungen mit den Gibsons, *du – Die Zeitschrift der Kultur* 3/1998, S. 22–28. Engl. Originaltitel: The Inheritor. In: Rex Cowan und Frank Gibson, A Century of Images: Photographs by the Gibson Family, London: Deutsch, 1997.

Über das Recht, Freunde zu kritisieren, *du – Die Zeitschrift der Kultur* 3/1998, S. 48–51. Engl. Originaltitel: Nervous Times: An Address Given at the Savoy Hotel at the Annual Dinner of the Anglo-Israel Association on 10th November 1997, London: Anglo-Israel Association, 1998. (Limitierte Ausgabe von 250 numerierten Exemplaren, vom Autor signiert).

Der Spion des Jahrhunderts, *Spiegel Spezial* 5/1999.

In der Welt John [sic!] Smileys ist die Heimat gefährlich, *Die Welt* 31. 12. 1999, S. Lit. Welt 6f. Engl. Originaltitel: Sarratt and the Draper of Watford. In: John le Carré, Sarratt and the Draper of Watford; and Other Unlikely Stories about Sarratt from International Authors, [Sarratt?]: [Village Books?], [1999?], S. 11–19.

Requiem auf den alten Spion, *Die Welt* 6. 1. 2001.

Big Pharma vs. Menschenleben, *Die Welt* 5. 3. 2001, S. 7. Engl. Originaltitel: A lot of Very Greedy People, *The Guardian* 12. 2. 2001. Auch veröffentlicht als: In Place of Nations, *The Nation* 9. 4. 2001.

Bittere Pillen, *Frankfurter Rundschau (Magazin)* 10. 3. 2001. Engl. Originaltitel: A lot of Very Greedy People, *The Guardian* 12. 2. 2001. Auch veröffentlicht als: In Place of Nations, *The Nation* 9. 4. 2001.

Die ewige Muse, *Die Welt* 31. 3. 2001. Engl. Originaltitel: The Constant Muse, *The Observer* 25. 2. 2001.

Dieser Krieg ist längst verloren, *Frankfurter Allgemeine Zeitung* 17. 10. 2001, S. 49. Engl. Originaltitel: A War We Cannot Win, *The Nation* 19. 11. 2001, S. 15–17.

Ein blendender Schwindler, *Süddeutsche Zeitung* 20./21. 10. 2001, III.

Vorwort. In: John le Carré, Der Spion, der aus der Kälte kam, München: List, 2001, S. 5–9.

Vorwort. In: John le Carré, Das Russlandhaus, München: List, 2001, S. 9–18.

Vorwort. In: John le Carré, Dame, König, As, Spion, München: List, 2002, S. 7–12.

1.3 Interviews

Abley, Mark: John le Carré's Trail of Terror, *Publishers Weekly* 19. 9. 1977, S. 56–58.

Arnold, Frank: Ich schreibe für die Opfer, *Der Standard* 21. 4. 2001, S. 17.

Assouline, Pierre: Der Star, der im Dunkeln bleiben will, *Brigitte* 17. 9. 1986.

Barber, Michael: John le Carré: An Interrogation, *The New York Times Book Review* 25. 9. 1977, S. 9, 44.

Binde, Ruth: ›Deutsch ist meine zweite Seele‹, *Börsenblatt für den Deutschen Buchhandel* 4. 10. 1977.

Blau, Ralf: Ein Agent läßt bitten, *Cinema* Mai 2001, S. 86.

Bode, Hildegard / Franziska Wolffheim: Ich habe schon als Kind gelernt, was Lügen und Betrügen heißt, *Brigitte* 20. 8. 1997.

Bormann, Ariane Gigon: Rettet Afrika!, *Brückenbauer* 17. 4. 2001

Bragg, Melvin: A Talk with Le Carré, *The New York Times Book Review* 13. 3. 1983, S. 1, 23.

Bragg, Melvin: The Things a Spy Can Do: John le Carré Talking, *The Listener* 22. 1. 1976, S. 90.

Bragg, Melvyn: The Little Drummer Girl: An Interview with John le Carré. In: Alan Bold (Hg.), The Quest for Le Carré, London: Vision Press, 1988, S. 129– 143.

Dean, Michael: John le Carré: the Writer Who Came in from the Cold, *The Listener* 5. 9. 1974, S. 306f.

Franks, Alan /Graham Wood: Secrets and Lies, *The Times Magazine* 13. 2. 1999.

Gross, Miriam: The secret World of John le Carré, *The Observer* 3. 2. 1980, S. 33, 35

Hodgson, Godfrey: The Secret Life of John le Carré, *Washington Post* 9. 10. 1977, S. E1, E6.

Isaacson, Walter/James Kelly: We Distorted Our Own Minds, *TIME* 5. 7. 1993, S. 32f.

Jacobi, Claus: Denkmal für eine tapfere Frau, *Bild* (Stuttgart) 21. 3. 2001.

Lerf, Matthias: ›Wir sprechen von Schreibtischtätern‹, *SonntagsZeitung* 8. 4. 2001.

McCrum, Robert: I don't miss Smiley, *The Observer* 17. 12. 2000.

N. N.: Wie wäre ich, wenn ich er wäre?, *Der Spiegel* 7. 8. 1989, S. 143–148.

Pauli, Harald: Der Verschwörungs-Häretiker, *Focus* 23. 4. 2001.

Petschull, Jürgen: Väter, Söhne und Verräter, *Stern* 22. 4. 1999, S. 198–206.

Plimpton, George: John le Carré: the Art of Fiction CXLIX, *Paris Review* 39 (1997), S. 50–74.

Sanoff, Alvin P.: The Thawing of the Old Spymaster, *U. S. News and World Report* 19. 6. 1989, S. 59–61.

Schaghaghi-von Humboldt, Mariam: Die geheime Welt lauert in uns allen, *Westdeutsche Allgemeine Zeitung* 19. 4. 2001.

Vaughan, Paul: Le Carré's Circus: Lamplighters, Moles and Others of that Ilk, *The Listener* 13. 9. 1979, S. 339f.

Watson, Alan: Violent Images, *The Sunday Times* 30. 3. 1969, S. 55–57.

2. Sekundärliteratur

2.1 Nachschlagewerke

Albert, Walter: Detective and Mystery Fiction: An International Bibliography of Secondary Sources, 2. Aufl., San Bernardino: Brownstone Books, 1997.

Arnold, Armin / Josef Schmidt (Hg.): Reclams Kriminalromanführer, Stuttgart: Reclam, 1978.

Barzun, Jacques / Wendell Hertig Taylor: A Catalogue of Crime, überarbeitete Ausgabe, New York: Harper & Row, 1989.

Benstock, B. /Th. Staley (Hg.): Dictionary of Literary Biography, Bd. 87: British Mystery and Thriller Writers Since 1940, Detroit: Gale, 1989.

Breen, Jon L.: What about Murder? A Guide to Books about Mystery and Detective Fiction, Metuchen: Scarecrow Press, 1981.

Breen, Jon L.: What about Murder? 1981–1991. A Guide to Books about Mystery and Detective Fiction, Metuchen: Scarecrow Press, 1993.

Contento, William G.: Mystery Short Fiction Miscellany: An Index, CD-ROM-Ausg., Oakland: Locus, 1999.

DeAndrea, William L.: Encyclopedia Mysteriosa: A Comprehensive Guide to the Art of Detection in Print, Film, Radio, and Television, New York: Prentice Hall, 1997.

Drabble, Margaret (Hg.): The Oxford Companion to English Literature, Oxford: Oxford University Press, 2000.

Hagen, Ordean A.: Who Done It? A Guide to Detective, Mystery and Suspense Fiction, New York: Bowker, 1969.

Herbert, Rosemary (Hg.): The Oxford Companion to Crime and Mystery Writing, New York: Oxford University Press, 1999.

Hubin, Allen J.: Crime Fiction III: A Comprehensive Bibliography, 1749–1995, CD-ROM-Ausg., Oakland: Locus, 2000.

Johnson, Timothy W. / Julia Johnson (Hg.): Crime Fiction Criticism: An Annotated Bibliography, New York: Garland, 1981.

Kästner, Dieter: Bibliographie der Kriminalerzählungen 1948–2000, Köln: Baskerville, 2001.

Kirkpatrick, D. L. (Hg.): Reference Guide to English Literature, 3 Bde., Chicago: St. James Press, 1991.

Kost, Rudi / Thomas Klingenmaier: Steckbriefe: Die Krimi-Kartei von A–Z, Reinbek: Rowohlt, 1995 (rororo thriller 3181).

McCormick, Donald (Hg.): Who's Who in Spy Fiction?, London: Hamish Hamilton, 1977.

Malski, Wino: Krimi-Finder. Ein Führer durch den Krimi-Dschungel für Leser und Sammler. Lesenswerte Highlights aus fünf Jahrzehnten deutscher Taschenbuchproduktion von 1950–2000, Münster: Waxmann, 2002.

Murphy, Bruce: The Encyclopedia of Murder and Mystery, New York: St. Martin's Press, 1999.

Ousby, Ian (Hg.): The Cambridge Guide to Literature in English, Cambridge: Cambridge University Press, 2000.

Pederson, Jay P. (Hg.): St. James Guide to Crime and Mystery Writers, 4. Aufl., Detroit: St. James Press, 1996.

Skene Melvin, David / Ann Skene Melvin: Crime, Detective, Espionage, Mystery, and Thriller Fiction & Film: A Comprehensive Bibliography of Critical Writing through 1979, Westport: Greenwood Press, 1980.

Smith jr., Myron J. / Terry White: Cloak and Dagger Fiction: An Annotated Guide to Spy Thrillers, Westport: Greenwood Press, 1995 (Bibliographies and Indexes in World Literature 45).

Steinbrunner, Chris / Otto Penzler (Hg.): Encyclopedia of Mystery and Detection, New York: McGraw-Hill, 1976.

Stone, Nancy-Stephanie: A Reader's Guide to the Spy and Thriller Novel, New York: G. K. Hall, 1997.

Vinson, James (Hg.): Contemporary Novelists, New York: St. Martin's Press, 1976.

Walkhoff-Jordan, Klaus-Dieter: Bibliographie der Kriminalliteratur 1945–1984 im deutschen Sprachraum, Frankfurt: Ullstein, 1985.

Walkhoff-Jordan, Klaus-Dieter: Bibliographie der Kriminalliteratur 1985–1990 im deutschen Sprachraum, Frankfurt: Ullstein, 1991.

Walter, Klaus-Peter (Hg.): Lexikon der Kriminalliteratur: Autoren, Werke, Themen, Aspekte, Meitingen: Corian, 1993 ff.

Walter, Klaus-Peter (Hg.): Reclams Krimi-Lexikon, Stuttgart: Reclam, 2002.

Winks, Robin W. (Hg.): Mystery and Suspense Writers: The Literature of Crime, Detection, and Espionage, 2 Bde., New York: Scribner, 1998.

Winn, Dilys (Hg.): Murder Ink.: The Mystery Reader's Companion, Newton Abbott: Westbridge, 1978.

2.2 Literatur zu John le Carré und anderen Autoren

2.2.1 Bücher und Dissertationen

Atkins, John: The British Spy Novel: Styles in Treachery, London: Calder, 1984.

Becker, Jens-Peter: Der englische Spionageroman: Historische Entwicklung, Thematik, literarische Form, München: Goldmann, 1973.

Cawelti, John G. / Bruce A. Rosenberg: The Spy Story, Chicago: University of Chicago Press, 1987.

Denning, Michael: Cover Stories: Narrative and Ideology in the British Spy Thriller, London: Routledge & Kegan Paul, 1987.

East, Andy: The Cold War File, Metuchen: Scarecrow Press, 1983.

Harper, Ralph: The World of the Thriller, Cleveland: Press of Case Western Reserve University, 1969.

Hindersmann, Jost: »Them and Us«: Freund- und Feindbilder in britischen Spionageromanen, Magisterarbeit Osnabrück, 1991.

Hindersmann, Jost: Der britische Spionageroman: Vom Imperialismus bis zum Ende des Kalten Krieges, Darmstadt: Wiss. Buchgesellschaft, 1995.

Lenz, Bernd: *Factifiction:* Agentenspiele wie in der Realität, Heidelberg: Winter, 1987. (Anglistische Forschungen 188)

Leonhardt, Ulrike: Mord ist ihr Beruf: Eine Geschichte des Kriminalromans, München: Beck, 1990.

Masters, Anthony: Literary Agents: The Novelist as Spy, Oxford: Blackwell, 1987.

Merry, Bruce: Anatomy of the Spy Thriller, Dublin: Gill & Macmillan, 1977.

Moritz, Gudula: Im Schatten des Dritten Reichs: Deutschland im britischen Roman des ausgehenden 20. Jahrhunderts, Trier: WVT, 1998.

Noetzel. Thomas: Die Faszination des Verrats: Eine Studie zur Dekadenz im Ost-West-Konflikt, Hamburg: Junius, 1989.

Nusser, Peter: Der Kriminalroman, 2. Aufl., Stuttgart: Metzler, 1992. (Sammlung Metzler 191)

Panek, Leroy: The Special Branch: The British Spy Novel 1890–1980, Bowling Green: Bowling Green University Popular Press, 1981.

Priestman, Martin: Crime Fiction: From Poe to the Present, Plymouth: Northcote House in association with the British Council, 1998. (Writers and Their Work)

Rutherford, Andrew: The Literature of War: Five Studies in Heroic Virtue, London: Macmillan, 1978.

Sauerberg, Lars Ole: Secret Agents in Fiction: Ian Fleming, John le Carré and Len Deighton, London: Macmillan, 1984.

Schmidt, Jochen: Gangster, Opfer, Detektive: Eine Typengeschichte des Kriminalromans, Frankfurt: Ullstein, 1989.

Seefeldt, Jürgen / Claudia Metz: Unterhaltungsliteratur in öffentlichen Bibliotheken, Bad Honnef: Bock und Herchen, 1991.

Stafford, David: The Silent Game: The Real World of Imagenary Spies, Toronto: Lester & Orpen Dennys, 1988.

Symons, Julian: Bloody Murder: From the Detective Story to the Crime Novel, überarbeitete Ausgabe., London: Pan, 1994. Dt. Ausgabe:

Symons, Julian: Am Anfang war der Mord: Eine Geschichte des Kriminalromans, München: Goldmann, 1982.

Thompson, Jon: Fiction, Crime, and Empire: Clues to Modernity and Postmodernism, Urbana: Univ. of Illinois Press, 1993.

Wark, Wesley K. (Hg.): Spy Fiction, Spy Films and Real Intelligence, London: Cass, 1991.

Wolff, Andrea: Stereotype Sichtweisen im Darstellungsprozeß der UdSSR. Eine Untersuchung des Beitrags zeitgenössischer britischer Spionageromane zum Prozeß fremdkulturellen Verstehens, Magisterarbeit Bielefeld, 1990.

2.2.2 Artikel in Sammelbänden und wissenschaftlichen Zeitschriften

Auburn, Mark S.: The Pleasures of Espionage Fiction, *Clues* 4: 2 (1983).

Barzun, Jacques: Meditations on the Literature of Spying, *American Scholar* 34 (1965), S. 167–178.

Becker, Jens-Peter: Der englische Spionageroman. In: Paul G. Buchloh / Jens-Peter Becker, Der Detektivroman, Darmstadt: Wissenschaftliche Buchgesellschaft, 1978, S. 108–120.

Becker, Jens-Peter: Rule Britannia: Der englische Spionageroman, *Die Horen* 148 (1987), S. 161–170.

Bedell, Jeanne F.: The Fictional Kim Philby, *The Armchair Detective* 26: 4 (1993), S. 22–29.

Benedict, George A.: Technology's Role in the Novels of Tom Clancy and John le Carré. In: Will Wright / Steve Kaplan (Hg.), The Image of Technology in Literature, the Media, and Society, Pueblo: Society for the Interdisciplinary Study of Social Imagery, 1994, S. 109–113.

Blayac, Alain: Berlin, Vienna: Images of the City in the British Literature of the Thirties, *Etudes Britanniques Contemporaines* 2 (1993), S. 57–64.

Booth, Alan R.: The Development of the Espionage Film. In: Wesley K. Wark (Hg.), Spy Fiction, Spy Films and Real Intelligence, London: Cass, 1991, S. 136–160.

Calendrillo, Linda T.: Role Played and ›Atmosphere‹ in Four Modern British Spy Novels, *Clues* 3: 1 (1982), S. 111–119.

Davis, Curtis: The Figure behind the Landscape, *Southern Humanities Review* 1 (1967), S. 223–235.

East, Andy: The Spy in the Dark: A History of Espionage Fiction, *The Armchair Detective* 19: 1 (1986), S. 23–40.

Gilbert, Michael: The Spy in Fact and Fiction. In: John Ball (Hg.), The Mystery Story, Harmondsworth: Penguin, 1976, S. 205–221. Dt. Ausgabe:

Gilbert, Michael: Der Spion in Wirklichkeit und Literatur. In: John Ball (Hg.), Morde, Meister und Mysterien: Die Geschichte des Kriminalromans, Berlin: Ullstein,1988, S. 152–163.

Gillespie, Robert: The Recent Future: Secret Agents and the Cold World War, *Salmagundi* 13 (1970), S. 45–60.

Grant, Hugo: The Political Influence of the Thriller, *Contemporary Review* 221 (1972), S. 289–294.

Hasenberg, Peter: ›The Teuton's inbred mistake‹: Das Deutschlandbild im britischen Agentenroman, *anglistik und englischunterricht* 29/30 (1986), S. 217–245.

Hindersmann, Jost: Der britische Spionageroman: Ein Überblick. In: Klaus Peter Walter (Hg.), Lexikon der Kriminalliteratur: Autoren, Werke, Themen, Aspekte, 23. Ergänzungslieferung, Meitingen: Corian, 1998, S. 1–17.

Jakubowski, Maxim: Zwei oder drei Dinge, die wir über die englische Kriminalliteratur wissen sollten: Eine erhellende, unkritische Betrachtung. In: Nina Schindler (Hg.), Das Mordsbuch: Alles über Krimis, Hildesheim: Claassen, 1997, S. 60–74.

Knight, Stephen: Re-Formations of the Thriller: Raymond Chandler and John le Carré, *Sydney Studies in English* 12 (1986/87), S. 78–91.

Ledebur, Ruth von: Lockvögel, Luder und Ladies: Frauen im englischen Spionageroman, *Literatur in Wissenschaft und Unterricht* 19 (1980), S. 284–300.

Lenz, Bernd: ›Of tough guys, private eyes and spies‹: Neuere Tendenzen des Kriminal- und Agentenromans«. In: Annegret Maack / Rüdiger Imhof (Hg.), Radikalität und Mäßigung: Der englische Roman seit 1960, Darmstadt: Wissenschaftliche Buchgesellschaft., 1993, S. 94–108.

Lenz, Bernd: Popular Literature und Cultural Studies: Bilanz und Perspektiven. In: Dieter Petzold / Eberhard Späth (Hg.), Unterhaltungsliteratur: Ziele und Methoden ihrer Erforschung, Erlangen: Uni-Bibliothek, 1990, S. 161–175.

Lenz, Bernd: Popularität und Krise des Agentenromans: Das England der siebziger Jahre und die Nachfolger Ian Flemings, *anglistik und englischunterricht* 19 (1983), S. 161–178.

MacIntosh, J. J.: Ethics and Spy Fiction. In: Wesley K. Wark (Hg.), Spy Fiction, Spy Films and Real Intelligence, London: Cass, 1991, S. 161–184.

McKenzie, Kevin / Toine van Teeffelen: Taking the Higher Ground between West and Middle East: The Discursive Achievement of Meta-Perspective in Representations of the Arab Other, *Pragmatics* 3: 3 (1993), S. 305–330.

Maurer, Doris / Arnold E. Maurer: Bonn im Kriminalroman. In: Manfred van Rey und Norbert Schloßmacher (Hg.), Bonn und das Rheinland: Beiträge zur Geschichte und Kultur einer Region, Bonn: Bouvier, 1992. (*Bonner Geschichtsblätter* 42)

Merry, Bruce: The Spy Thriller, *London Magazine* April/May 1976, S. 8–27.

Mews, Siegfried: The Spies Are Coming in from the Cold War: The Berlin Wall in the Espionage Novel. In: Ernst Schürer et al. (Hg.), The Berlin Wall: Representations and Perspectives, New York: Peter Lang, 1996, S. 50–60. (Studies in Modern German Literature 79).

Meyers, Jeffrey: Splendors and Miseries of Literary Biography, *Virginia Quarterly Review* 68: 4 (1992), S. 669–696.

Neuse, Steven M.: Bureaucratic Malaise in the Modern Spy Novel: Deighton, Greene and Le Carré, *Public Administration* 60 (1982), S. 293–306.

Price, Thomas J.: Popular Perception of an Ally: ›the Special Relationship‹ in the British Spy Novel, *Journal of Popular Culture* 28: 2 (1994), S. 49–66.

Przybilka, Thomas / Reinhard Jahn: Germany: Tales of Two Capitals. In: Nina King und Robin Winks, Crimes of the Scene: The Mystery Novel Guide for the International Traveler, New York: St. Martin's Press, 1997, S. 72–83.

Przybilka, Thomas: More Awards, *The Armchair Detective* 27: 3 (1994).

Rausch, G. Jay / Diane K. Rausch: Developments in Espionage Fiction, *Kansas Quarterly* 10 (1978), S. 71–82.

Sauerberg, Lars Ole: The Novel of Espionage: An Attempt at Generic Criticism, *Pre-Publications of the English Institute of Odense University* 9 (1977), S. 1–15.

Sauerberg, Lars Ole: Literature in Figures: An Essay on the Popularity of Thrillers, *Orbis Litterarum* 38 (1983), S. 93–107.

Scanlan, Margaret: Philby and His Fictions, *Dalhousie Review* 62 (1982), S. 533–553.

Schöneich, Christoph: Das verdeckte Ich: Ian McEwan, The Innocent; John le Carré, A Perfect Spy. In: ders., Edmund Talbot und seine Brüder: Englische Bildungsromane nach 1945, Tübingen: Narr, 1999.

Thompson, Paul: The ›Same Way‹ Question Tag, *Studies in English Language and Literature* 29: 3 (1989), S. 61–79.

Tracy, Laura: Forbidden Fantasy: The Villain as Cultural Double in the British Espionage Novel, *Clues* 9: 1 (1988), S. 11–37.

van Teeffelen, Toine: ›You're Some Sort of Supercommando, Aren't You?‹: The Gendering of Israel's Image in Bestsellers, *Thamyris* 3: 2 (1996), S. 311–334.

Watt, D. Cameron: Critical Afterthoughts and Alternative Historico-Literary Theories. In: Wesley K. Wark (Hg.), Spy Fiction, Spy Films and Real Intelligence, London: Cass, 1991, S. 212–225.

Welcome, John: Introduction. In: ders. (Hg.), Best Spy Stories, London: Faber & Faber, 1967.

Wörtche, Thomas: ›Renaissance des Erzählens?‹ – Im Kriminalroman? In: Gerd Herholz (Hg.), Experiment Wirklichkeit: Renaissance des Erzählens?, Essen: Klartext, 1998, S. 76–85.

2.2.3 Artikel in Zeitungen

Allington, Maynard: What Makes a Good Spy Thriller?, *The Writer* January 1996, S. 16–18, 43.

Arnold, Armin: Kopf und Kragen riskieren für die Seite der Sieger, *Berner Zeitung* 26. 7. 1985.

Bering, Klaus: Thriller-Schauplatz Bonn, *die tageszeitung* 24. 11. 1987.

Boucher, Anthony: There's a Spy between the Covers, *The New York Times Book Review* 7. 6. 1964, S. 7, 24.

Carvajal, Doreen: The Spy Who Fell Onto the Remainder Table, *The New York Times* 22. 12. 1998, S. E1,7.

Finder, Joseph: The Spy Novel Returns, *The New York Times* 25. 11. 2001.

Helm, Siegfried: Auf der Suche nach neuen Schurken, *Die Welt* 1. 2. 1989, S. 19.

Hinze, Albrecht: Warten auf Le Carré, *Süddeutsche Zeitung* 27. 12. 1995.

Judd, Alan: The Art and Craft of the Clandestine, *The Spectator* 13. 10. 2001, S. 62f.

Kanfer, Stefan: When Spies Become Allies, *TIME* 19. 8. 1991, S. 50f.

Knorr, Wolfram: Wo, zum Teufel, ist denn nur der Feind geblieben?, *Die Weltwoche* 10. 5. 1990.

Kreitling, Holger: Vorwärts und rückwärts, *Die Welt* 15. 9. 2001.

Lebert, Stephan: Der ganz normale Mord im Raumschiff, *Süddeutsche Zeitung* 7./8. 5. 1994.

Millar, Peter: Spies Should Stay out in the Cold, *The Sunday Times* 17. 7. 1994, S. 10,14f.

N. N.: Ein Philip Marlowe in Tannenbusch?, *Der Spiegel* 14. 9. 1987.

N. N.: Knallhart bei Kranzler, *Der Spiegel* 31. 3. 1965, S. 134–138.

N. N.: Tantiemen aus der Sowjetunion, *Börsenblatt für den Deutschen Buchhandel* 9. 6. 1989, S. 1861.

N. N.: The New Bad Guys, *The Economist* 28. 8. 1999, S. 68.

Nievergelt, Gery: Der Spion geht neue Wege, aber einsam wird er bleiben, *SonntagsZeitung* 25. 7. 1993.

Przybilka, Thomas: Deutscher Krimi Preis 1994, *Magalog* 3/1994.

Przybilka, Thomas: Ermittlung der weltbesten Schreibtischtäter, *Elbe-Elster-Rundschau/Lausitzer Rundschau* 23. 4. 1994.

Przybilka, Thomas: Lokalpatriotischer ›kriminalistischer‹ Streifzug durch Bonn, *Deutsches Literatur Magazin* 1: 0 1992.

Symons, Julian: An End to Spying: Or, from Pipe Dream to Farce, *The Times Literary Supplement* 12. 12. 1968, S. 1411f.

Theobald, Willy: Karibische Mächte, *manager magazin* 10/1993.

Wittstock, Uwe: Wenn Literatur die Augen öffnet, *Die Welt* 17. 11. 2001.

Zeindler, Peter: Thriller-Autoren sind die Saurier der Literaturszene, *Berner Zeitung* 7. 8. 1985.

2.3 Literatur zu John le Carré

2.3.1 Bücher und Dissertationen

Aronoff, Myron J.: The Spy Novels of John le Carré: Balancing Ethics and Politics, New York: St. Martin's Press, 1999.

Barley, Tony: Taking Sides: The Fiction of John le Carré, Milton Keynes: Open University Press, 1986.

Beene, LynnDianne: John le Carré, New York: Twayne, 1992.

Bennett, Peter: Wilderness of Mirrors: The Representation of Identity and Subjectivity in the Spy Novels of John le Carré, Phil. Diss. Hannover, 1998.

Bold, Alan (Hg.): The Quest for Le Carré, London: Vision Press, 1988.

Cobbs, John L.: Understanding John le Carré, Columbia: University of South Carolina Press, 1998.

Dobler, George David: The Novels of John le Carré: Children, Women, Religion, Phil. Diss. Iowa City 1989.

Hoffman, Tod: Le Carré's Landscapes, Montreal: McGill-Queen's University Press, 2001.

Holtmann, Ulrike: Spying on Le Carré: His Heroes of the Sixties and Seventies, Magisterarbeit Osnabrück, 1991.

Homberger, Eric: John le Carré, London: Methuen, 1986.

Jenssen, Elena: Die Narrativik des Geheimen: Erzählplots in den Spionageromanen von John le Carré. Dissertation. Hedehusene: Verlag Elena Jenssen, 2000.

Kost, Rudi: Über George Smiley (Biographische Skizzen), Stuttgart: Poller, 1985.

Lewis, Peter: John le Carré, New York: Ungar, 1985.

Monaghan, David: Smiley's Circus: A Guide to the Secret World of John le Carré, London: Orbis, 1986. Dt. Ausgabe:

Monaghan, David: Smiley's Circus: Die geheime Welt des John le Carré, München: Heyne, 1992.

Monaghan, David: The Novels of John le Carré: The Art of Survival, Oxford: Blackwell, 1985.

Powell, Cheryl C.: Redemption for the Protagonist in three Novels by John le Carré, Phil. Diss. Tallahassee, 1991.

Wolfe, Peter: Corridors of Deceit: The World of John le Carré, Bowling Green: University Popular Press, 1987.

2.3.2 Artikel in Sammelbänden und wissenschaftlichen Zeitschriften

Barley, Tony: ›Loving and Lying‹: Multiple Identity in John le Carré's ›A Perfect Spy‹. In: Ian Bell (Hg.), Watching the Detectives: Essays on Crime Fiction, London: Macmillan, 1990, S. 152–171.

Barzun, Jaques: Spies and Le Carré: A Response to Walter Laquer, *Commentary* October 1983, S. 16f.

Battafarano, Italo Michele: Barock und Spy Story: Simplicissimus bei John le Carré. In: ders., Glanz des Barock: Forschungen zur deutschen als europäischen Literatur, Bern: Peter Lang, 1994, S. 475–482.

Becker, Jens P.: John le Carré's Smiley Saga: ›Nostalgia for a lost paradise‹, *anglistik und englischunterricht* 37 (1989), S. 99–111.

Bradbury, Richard: Reading John le Carré. In: Clive Bloom (Hg.), Spy Thrillers: From Buchan to Le Carré, London: Macmillan, 1990, S. 130–139.

Brady, Charles: John le Carré's Smiley Saga, *Thought* 60 (1985), S. 275–296.

Buzard, James M.: Faces, Photos, Mirrors: Image and Ideology in the Novels of John le Carré. In: David B. Downing / Susan Bazargan (Hg.), Image and Ideology in Modern/Postmodern Discourse, Albany: State University of New York Press, 1991, S. 153–179.

Cohn, Jack R.: The Watch on Le Carré, *Studies in the Novel* 20 (1988), S. 323–337.

Crehan, Stewart: Information, Power and the Reader: Textual Strategies in Le Carré. In: Alan Bold (Hg.), The Quest for Le Carré, London: Vision Press, 1988, S. 103–128.

Daleski, H. M.: A Perfect Spy and a Great Tradition, *Journal of Narrative Technique* 20 (1990), S. 56–64.

Dawson, Harry D.: John le Carré's Circus, *The Armchair Detective* 13 (1980), S. 150.

Dobel, J. Patrick: The Honourable Spymaster: John le Carré and the Character of Espionage, *Administration and Society* 20 (1988), S. 191–215.

Dubois, Betty Lou: Regular Adverbs of Manner in Le Carré's Naive and Sentimental Lover, *Southwest Journal of Linguistics* 9 (1990), S. 43–62.

Edwards, Owen Dudley: The Clues of a Great Tradition. In: Alan Bold (Hg.), The Quest for Le Carré, London: Vision Press, 1988, S. 41–68.

Everett, Glenn: Smiley's Fallen Camelot: Allusion to Tennyson in John le Carré's Cambridge Circus Novels, *Papers on Language and Literature* 27 (1991), S. 496–513.

Garson, Helen S.: Enter George Smiley: Le Carré's ›Call for the Dead‹. In: Harold Bloom (Hg.), John le Carré, New York: Chelsea House, 1987, S. 73–80.

Giddings, Robert: The Writing on the Igloo Walls: Narrative Technique in ›The Spy Who Came in from the Cold‹. In: Alan Bold (Hg.), The Quest for Le Carré, London: Vision Press, 1988, S. 188–210.

Green, Vivian: A Perfect Spy: A Personal Reminiscence. In: Alan Bold (Hg.), The Quest for Le Carré, London: Vision Press, 1988, S. 25–40.

Griffiths, Gwen: Individual and Societal Entropy in Le Carré's ›A Perfect Spy‹, *Critique* 31 (1990), S. 112–124.

Halperin, John: Between Two Worlds: The Novels of John le Carré, *South Atlantic Quarterly* 79 (1980), S. 17–37.

Hamilton, William G.: The Experience of Place in the Spy Novels of John le Carré, *The Canadian Geographer* 35: 4 (1991), S. 404–412.

Hayes, Michael J.: Are You Telling Me Lies David? The Work of John le Carré. In: Clive Bloom (Hg.), Spy Thrillers: From Buchan to Le Carré, London: Macmillan, 1990, S. 113–129.

Hindersmann, Jost: John le Carré. In: Klaus Peter Walter (Hg.), Lexikon der Kriminalliteratur: Autoren, Werke, Themen, Aspekte, 27. Ergänzungslieferung, Meitingen: Corian, 1999, S. 1–12, 1–14.

Hoffman, Tod: The constant Writer: Le Carré Spies a New Villain, *Queen's Quarterly* 108: 1 (2001), S. 99–107.

Hoffman, Tod: Le Carré's Legacy, *Queen's Quarterly* 108: 3 (2001), S. 407–418.

Hughes, Celia: Serious Reflections on Light Reading: The World of John le Carré, *Theology* 84 (1981), S. 274–279.

King, Holly Beth: Child's Play in John le Carré's ›Tinker, Tailor, Soldier, Spy‹. In: Harold Bloom (Hg.), John le Carré, New York: Chelsea House, 1987, S. 65–72.

Laity, Susan: ›The Second burden of a Former Child‹: Doubling and Repetition in ›A Perfect Spy‹. In: Harold Bloom (Hg.), John le Carré, New York: Chelsea House, 1987, S. 37–164.

Laquer, Walter: Le Carré in Russian Eyes, *Commentary* 96: 3 (1995), S. 54f.

Laquer, Walter: Le Carré's Fantasies, *Commentary* 75: 6 (1983), S. 62–67.

Lasseter, Victor: John le Carré's Spy Jargon: An Introduction and Lexicon, *Verbatim* 8: 4 (1982), S. 1f.

Lasseter, Victor: ›Tinker, Tailor, Soldier, Spy‹: A Story of Modern Love, *Critique* 31 (1990), S. 101–111.

Lee, Thomas: The Double Plot in Le Carré's ›A Perfect Spy‹, *Notes on Contemporary Literature* 18: 4 (1988), S. 5–7.

Martin, B. K.: Le Carré's ›The Spy Who Came in from the Cold‹: A Structuralist Reading, *Sydney Studies in English* 14 (1988/89), S. 72–88.

Monaghan, David: John le Carré and England: A Spy's Eye View, *Modern Fiction Studies* 29 (1983), S. 569–582.

Most, Glen W.: The Hippocratic Smile: John le Carré and the Traditions of the Detective Novel. In: Glen W. Most / William W. Stowe (Hg.), The Poetics of Murder: Detective Fiction and Literary Theory, New York: Harcourt Brace Jovanovich, 1983, S. 341–365.

Noland, Richard W.: The Spy Fiction of John le Carré, *Clues* 1 (1980), S. 54–70.

O'Neill, Philip: Le Carré: Faith and Dreams. In: Alan Bold (Hg.), The Quest for Le Carré, London: Vision Press, 1988, S. 169–187.

Rippetoe, Rita: Layered Genre Strategies in ›Smiley's People‹, *Clues* 20: 1 (1999), S. 89–100.

Rothberg, Abraham: The Decline and Fall of George Smiley: John le Carré and English Decency, *Southwest Review* 66 (1981), S. 377–393.

Rowe, Margaret Moan: Women's Place in John le Carré's Man's World. In: Alan Bold (Hg.), The Quest for Le Carré, London: Vision Press, 1988, S. 69–86.

Royle, Trevor: Le Carré and the Idea of Espionage. In: Alan Bold (Hg.), The Quest for Le Carré, London: Vision Press, 1988, S. 87–102.

Schmid, Stefan: Die Unsterblichkeit der Schattenmänner: John le Carré und der britische Spionageroman nach dem Kalten Krieg, *Literatur in Wissenschaft und Unterricht* 31: 4 (1998), S. 343–363.

Seed, David: The Well-Wrought Structures of John le Carré's Early Fiction. In: Clive Bloom (Hg.), Spy Thrillers: From Buchan to Le Carré, London: Macmillan, 1990, S. 140–159.

Shookman, Ellis: Smiley lächelt: John le Carré and German Literature, *Oxford German Studies* 25 (1996), S. 135–164.

Silver, Brenda R.: Woman as Agent: The Case of Le Carré's ›Little Drummer Girl‹, *Contemporary Literature* 28 (1987), S. 15–40.

Stein, Thomas Michael: ›A world grown old and cold and weary‹: Intertextuelle Referenzen in John le Carrés Trilogie ›The Quest for Karla‹, *anglistik und englischunterricht* 37 (1989), S. 113–130.

Stein, Thomas Michael: The Imperial Fantasy: John le Carré's ›A Perfect Spy‹ and ›The Russia House‹, *anglistik und englischunterricht* 48 (1992), S. 53–64.

Vogt, Jochen: Halb-Engel gegen Halb-Teufel, *Die Horen* 154 (1989), S. 49–59.

Wallace, Douglas: John le Carré: The Dark Side of Organisations, *Harvard Business Review* 63 (1985), S. 6–14.

Walling, William: John le Carré: The Doubleness of Class, *Columbia Library Columns* 37: 2 (1988), S. 23–32.

2.3.3 Artikel in Zeitungen

Alberge, Dalya: Le Carré Livid over Libraries' Sell-off, *The Times* 27. 4. 1996.

AP: John Le Carré erhält Tantiemen aus Moskau, *Frankfurter Rundschau* 14. 11. 1985.

Appleyard, Bryan: There's a New Demon out there, *The Sunday Times* 10. 12. 2000, S. 8.

Ash, Timothy Garton: The Real Le Carré, *The New Yorker* 15. 3. 1999, S. 36–45.

Atticus: Was Philby the Spy Who Had Le Carré Cold?, *The Sunday Times* 17. 12. 2000, S. 17.

Atticus: Words with the Much-Wooed Spyman, *The Sunday Times* 21. 6. 1964.

Bachmann, Dieter: Heimat erfinden: Drei Tage zu Besuch in Cornwall, *du – Die Zeitschrift der Kultur* 3/1998, S. 12–18.

Bakos, Eva: Spass und Qual des Schreibens, *St. Galler Tagblatt* 28. 1. 1967.

Barnard, Peter: Farewell to Smiley People, *The Times* 27. 12. 2000.

Barnard, Peter / Dominic Kennedy: Le Carré Confesses: I Spied at Oxford, *The Times* 26. 12. 2000.

Bechtle, Henner: Sie ahnen gar nicht, wie langweilig Spione sind!, *Berliner Zeitung* 13. 9. 1974.

Bent, Horace: Le Carré v Rushdie: This Time It's Personal, *The Bookseller* 28. 11. 1997.

Binder, Elisabeth: Aus Agenten wurden Kuriere der Phantasie, *Der Tagesspiegel* 13. 2. 2000.

Bonfante, Jordan: The Spy-Master Unmasked, *Life* 6. 4. 1964, S. 71–73.

Burrell, Ian: Burgling Houses on Her Majesty's Service was Fun, Says Le Carré, *The Independent* 21. 12. 2000.

Bütow, Hans: Aura einer kalten Hölle, *Die Welt* 6. 11. 1964.

Cameron, James: The Case of the Hot Writer, *The New York Times Magazine* 8. 9. 1974, S. 55–68. Deutsche Version:

Cameron, James: Der Lehrer, der aus der Kälte kam, *Die Weltwoche* 12. 5. 1976.

Clough, Patricia: Dieter and the Wolf: A German Mystery, *The Independent* 18. 4. 1989.

Coleman, Terry: Carré on Writing, *The Guardian* 17. 7. 1993, S. 25.

Cowell, Alan: After Spies, New Foes: Capitalists Gone Amok, *The New York Times* 6. 4. 1999, S. E1,3.

Cowley, Jason: John le Carré: A Literary Barbarian? Or a Writer to Whom Future Generations Will Turn for Insights into our Times?, *New Statesman & Society* 5. 2. 1999, S. 18f.

Denter, Edgar: Aus dem Zwielicht der Geheimdienste, *Kieler Nachrichten* 19. 10. 1991.

Denter, Edgar: Ex-Spion eroberte Welt des Schreibens, *Westdeutsche Zeitung* 16. 10. 1996.

Denter, Edgar: Spionage – ganz britisch, *Darmstädter Echo* 18. 10. 1991.

Dietrich, R. A.: Begegnung mit John le Carré, *Hamburger Echo* 12. 12. 1963.

Döser, Ute: Ein Vorstoß in literarisches Neuland, *Hamburger Abendblatt* 19. 10. 1965.

dpa: John Le Carré: Ich war ein Spion, *Der Tagesspiegel* 19. 7. 1993.

dpa: John Le Carré spionierte seinen Kommilitonen nach, *General-Anzeiger* 27. 12. 2000.

dpa: Spion schon als Student, *Kölner Stadt-Anzeiger* 27. 12. 2000.

dpa/eb: Der Mann, der wirklich aus der Kälte kam, *Berliner Zeitung* 19. 7. 1993.

Dynes, Michael: Latest Le Carré Goes Undercover in Nervous Kenya, *The Times* 7. 3. 2001.

Evans, Michael: We still Need Smiley's People, Says Le Carré, *The Times* 2. 3. 1999.

F.A.Z.: John Le Carré: Roman erscheint in der Sowjetunion, *Frankfurter Allgemeine Zeitung* 27. 5. 1989, S. 29.

fa: Die Briten nehmen Abschied von ›einer kleinen Stadt in Deutschland‹, *General-Anzeiger* 6. 7. 1999.

Fabel, Renate: John le Carré ist der Meister des Agententhrillers, *Madame* Oktober 2001.

Fahrensteiner, Franz: Leidenschaftlicher Perfektionist, *Sonntagsblick* 15. 6. 1980.

Frank, Renate: Einmal Spion, immer Spion, *Darmstädter Echo* 21. 7. 1993.

Frank, Renate: ›Ich schreibe über das, was ich weiß‹, *Kölner Stadt-Anzeiger* 19. 7. 1993.

Frank, Renate: Romanautor John Le Carré: ›Ich war selbst ein Spion‹, *Westfälische Rundschau* 19. 7. 1993.

Gedye, Robin: Le Carré Got Me Wrong, Says Faceless Spy Chief, *Daily Telegraph* 5. 5. 1993, S. 10.

Geoghegan, Jack: The Spy Who Saved Me: A Thriller Starring John le Carré, *The New York Times Book Review* 4. 12. 1988, S. 16.

Greenway, H. D. S.: Travels with Le Carré, *Newsweek* 10. 10. 1977, S. 49.

Greiner, Ulrich: Nervöse Zeiten, *Die Zeit* 28. 11. 1997.

Grella, George: Murder and Loyalty, *New Republic* 31. 7. 1976, S. 23–25.

Gussow, Mel: In a Plot far from the Cold, Le Carré Sums up the Past, *The New York Times* 19. 12. 2000.

Gwinn, Mary Ann: Author John le Carré Digs Deep in His Own Past for the Themes of His Work, *Seattle Times* 25. 3. 1999.

Harlow, John: Le Carré Names His Master Spy, *The Sunday Times* 7. 2. 1999.

Harris, Gardiner: Adverse Reaction, *The Wall Street Journal* 23. 4. 2001.

he: Mit den Romanfiguren leben, *Die Welt* 12. 9. 1974.

Heller, Richard: The Writer Left out in the Cold, *Mail on Sunday* 6. 1. 1991.

Helm, Siegfried: Schlammschlacht mit Hintergrund, *Die Welt* 25. 11. 1997.

Helm, Siegfried: Spionage-Schriftsteller John le Carré in Moskau, *Kölnische Rundschau* 26. 5. 1987.

Henschel, Gerhard: Der melancholische Held: George Smiley – Rückblick auf einen Meisterspion, *du – Die Zeitschrift der Kultur* 3/1998, S. 56–60.

Hewison, Robert: Behind the Lines, *The Times Literary Supplement* 25. 3. 1983, S. 298.

Hillgruber, Katrin: Postkartendschungel, *Der Tagesspiegel* 19. 10. 2001.

Howald, Stefan: Teuflischer Briefwechsel, *Frankfurter Rundschau* 25. 11. 1997.

hps: As unter den Thriller-Autoren, *Hamburger Abendblatt* 12. 9. 1975.

Ingendaay, Paul: Eine Art Held, *Frankfurter Allgemeine Zeitung* 19. 10. 2001, S. 49.

Ingendaay, Paul: Die Spinne im Netz, *Frankfurter Allgemeine Zeitung* 17. 8. 1994, S. 21.

Jacobi, Klaus: Aus dem Schattenreich von Liebe, Lüge und Verrat: John le Carré, *Die Welt* 25.2.2001.

Jacobi, Claus: ›Ich hielt mich für Mata Hari‹, *Berliner Morgenpost* 1. 4. 2001.

Johnson, Douglas: Three Cards of Identity, *New Society* 3. 11. 1977, S. 247f.

Kalender, Karl-Heinz: John le Carré 65 – Spione wird es immer geben, *Westfälische Rundschau* 19. 10. 1996.

Kalender, Karl-Heinz: Die Spione sterben niemals aus, *Westfälische Rundschau* 19. 10. 2001.

Kanfer, Stefan: The Spy Who Came in for the Gold, *TIME* 3. 10. 1977, S. 48–53.

Kanthak, Dietmar: Die Einsamkeit des Einzelkämpfers, *General-Anzeiger* 7. 7. 1999.

Keegan, John: Blendender Spion, *Das Magazin* 24. 6. 1993.

khs: Der Autor, der aus der Kälte kam, *Cinema* März 1991, S. 38.

Klingenmaier, Thomas: Spion aus der Kälte, *Stuttgarter Zeitung* 19. 10. 2001.

Kreitling, Holger: Das strahlende Grau, *Die Welt* 1. 10. 2001, S. 28.

Kubelka, Susanna: Erpressung in Paris, Mord in London, *Die Presse* 23./24. 2. 1980.

Lambeck, Martin S.: Spionage in Bonn, letzter Teil, *Die Welt* 7. 7. 1999.

Leigh, David / Paul Lashmar: The Secrets Spread by Smiley's People, *The Observer* 26. 4. 1987, S. 9.

Leiprecht, Helga: Chronik von Leben und Werk, *du – Die Zeitschrift der Kultur* 3/1998, S. 70–75.

Leitch, David: The Ultimate Spy, *The Sunday Times Magazine* 13. 9. 1987, S. 50f.

Lelyveld, Joseph: Le Carré's Toughest Case, *The New York Times Magazine* 16. 3. 1986, S. 40–46, 79, 90f. Deutsche Version:

Lelyveld, Joseph: ›Sein schwerster Fall‹, *Süddeutsche Zeitung* 6./7. 9. 1986.

Leonhardt, Rudolf W.: Der faire Spion, *Die Zeit* 13. 9. 1974, S. 17.

Lewerenz, Stefan: John le Carré – mit der ›Libelle‹ Hollywood erobert, *Die Welt am Sonntag* 10. 4. 1983.

Ljubimow, Michail: Auf der Seite von Karla, *du – Die Zeitschrift der Kultur* 3/1998, S. 39–42.

Lubowski, Bernd: Sein neuer Roman spielt wieder in der Welt der Spione, *Berliner Morgenpost* 13. 9. 1974.

McElvoy, Anne: A Spy Sings the Blues, *The Spectator* 19. 10. 1996, S. 9f.

McGrew Eifrig, Gail: Love and Distrust in the Novels of John le Carré, *The Christian Century* 26. 2. 1992, S. 219–221.

McIlvanney, Hugh: The Secret Life of John le Carré, *The Observer Magazine* 6. 3. 1983, S. 18–22.

Michalski, Peter: John le Carré: Ja, ich war selbst Spion, *Bild* 27. 12. 2000.

Mohr, Peter: Der Feind saß immer in Moskau, *General-Anzeiger* 19./20. 10. 1996.

Mohr, Peter: Der Schriftsteller, der von der Insel kam, *General-Anzeiger* 19. 10. 2001.

Moss, Norman: Charlie: Fact and Fiction, *Daily Telegraph* 15. 7. 1984, S. 16f.

N. N.: Allerletzte Begegnung mit George Smiley mobilisiert viele Fans., *Buchreport* 7. 2. 1991.

N. N.: Auf Wunsch auch handsigniert, *Buchreport* 6. 6. 2001.

N. N.: Er war Diplomat im Geheimdienst, *Kultur Nachrichten* 21. 3. 2001.

N. N.: Foul geschrien, *Der Spiegel* 1. 12. 1997.

N. N.: Glasnost für John le Carré, *Der Spiegel* 15. 6. 1987.

N. N.: Honourable Schoolboys, *The Observer* 29. 3. 1981.

N. N.: John le Carré: Warum lieben Sie den kalten Krieg? ›Weil er nie schmilzt‹, sagt der Gigant des Spionagethrillers, *Bunte* 24. 1. 1991.

N. N.: John le Carré spendet für BUKO Bielefeld, *Neue Westfälische – Bielefelder Tageblatt* 21. 3. 2001.

N. N.: John Le Carré war bis 1964 im Geheimdienst, *Die Presse* 19. 7. 1993.

N. N.: John Le Carrés Liebe zu Bonn, *Kölner Stadt-Anzeiger* 20./21. 8. 1983.

N. N.: Le Carré: Erstmals Fernsehinterview, *Börsenblatt für den Deutschen Buchhandel* 12. 4. 1983.

N. N.: Nette Vorgesetzte, *Frankfurter Allgemeine Zeitung* 20. 7. 1993, S. 25.

N. N.: Panama Peeved at Le Carré, *The Sunday Times* 24. 11. 1996.

N. N.: Running away from the Circus, *The Sunday Times* 27. 10. 1996.

N. N.: Rushdie contra Le Carré, *Neue Zürcher Zeitung* 25. 11. 1997, S. 47.

N. N.: Smiley-Derniere mobilisiert die Fans, *Buchreport* 7. 2. 1991.

N. N.: Spymaster Holds the Mirror up to His Own Secrets, *The Sunday Times* 1. 11. 1987, S. 16.

N. N.: Stolz geschluckt, *Der Spiegel* 25. 11. 1985.

N. N.: The Pen Is Crueler than the Sword, *Harper's Magazine* February 1998, S. 18–20.

N. N.: Vom Spion zum Bestsellerautor, *Neue Osnabrücker Zeitung* 27. 12. 2000, S. 4.

N. N.: Was ihn anspornt, ist das Gesetz, *Dolomiten* 20. 10. 2001, S. 7.

nk: Ritterschlag zum Redakteur für Volontäre des Springer-Verlags, *Die Welt* 6. 12. 2001.

Norbisrath, Gudrun: Was er schreibt, es wird gelesen, *Westfälische Allgemeine Zeitung* 19. 10. 2001.

Oakes, Philip: Hard Cash and Le Carré, *The Sunday Times* 11. 9. 1977.

Ow, Barbara von: Nach der Wut im Herzen neue kreative Möglichkeiten, *Süddeutsche Zeitung* 27. 11. 1989.

Petschull, Jürgen: Der Herr der Spione, *Stern* 24. 5. 1989.

Platzeck, Wolfgang: Smileys Vater, *Westdeutsche Allgemeine Zeitung* 19. 10. 1996.

Podolsky, J. D., John Wright: John le Carré, *People* 13. 9. 1993, S. 63–66.

Quinn, Judy: A Rushdie to Judgement on Le Carré Defection?, *Publishers Weekly* 22. 6. 1998, S. 18.

Quoirin, Marianne: Schriftsteller? Spion? Oder beides?, *Kölner Stadt-Anzeiger* 19./20. 10. 1991.

Rehfeld, Nina: Vom Spion zum Autor, *Handelsblatt* 20./21. 4. 2001.

Rhodes, Tom: Le Carré's Tailor Fails to Cut a Dash among Panama Elite, *The Times* 23. 11. 1996.

Rogers, Byron: Closing the File, *Radio Times* 18. 9. 1982, S. 88–92.

Rohter, Larry: In the Land of the Big Ditch, Le Carré's in Hot Water, *The New York Times* 19. 11. 1996, S. A4.

Rühle, Alex: Ewig Spion, *Süddeutsche Zeitung* 19. 10. 2001, S. 18.

Rumler, Fritz: Goodbye, Wartesaal, *Der Spiegel* 12. 7. 1999, S. 182.

S. W.: Ein Engländer in Berlin, *Der Tagesspiegel* 12. 9. 1964.

Schiff, Stephen: Die Beichte des John le Carré, *Männer Vogue* Oktober 1989.

Schiff, Stephen: The Secret Life of John le Carré, *Vanity Fair* June 1989, S. 189.

Schirmacher, Wolfgang: Geborene Verfolger, *Rheinische Post* 19. 10. 1996.

Schranz, Peter: Die Spione, die aus der Literatur kamen, *Berner Zeitung* 9. 8. 1997.

Schuler, Edgar: Wie geht's Smiley, *Neue Zürcher Zeitung* 9. 3. 1998, S. 34.

sdo: Fragenbogen, *Frankfurter Allgemeine Zeitung* 25. 6. 1993.

Sillenbuch, Jan: Endlich verbrannt, John le Carré, *Die Woche* 29. 7. 1993.

Spiel, Hilde: Weder Gott noch Marx, *Frankfurter Allgemeine Zeitung* 15. 3. 1966.

sta: Le Carré über Gorbatschow, *Die Welt* 21. 9. 1989.

Starkmann, Alfred: Ein Autor, der in die Kälte geht, *Die Welt* 14. 9. 1977.

Stasio, Marilyn: Lament for Karla, *The New York Times* 28. 5. 2000.

stei: Beruf Verräter, *Frankfurter Allgemeine Zeitung* 27. 12. 2000, S. 41.

Steuhl, Wolfgang: Hokuspokus der Spionagetechnik, *Frankfurter Allgemeine Zeitung* 19. 10. 1991.

Stoddart, Patrick: Perfecting the Story of a Spy, *The Sunday Times* 1. 11. 1987, S. 72.

Streitfeld, David: Debriefing John le Carré, *Washington Post* 3. 11. 1992, S. X15.

Sullivan, Andrew: Conspiracy? Keep Taking the Tablets, *The Sunday Times* 24. 12. 2000, S. 7.

Sweeney, John: Lost Innocence in a Twilight Zone, *The Observer* 1. 8. 1993, S. 16.

Syal, Rajeev: Rushdie Throws Smiley at Le Carré as Grudge Comes in from the Cold, *The Sunday Times* 23. 11. 1997.

TSCH: Spion und Streithahn, *Die Welt* 6. 4. 1993.

Thomas, Gina: Die satanischen Briefe, *Frankfurter Allgemeine Zeitung* 24. 11. 1997.

Treneman, Ann: Doctors at War, *The Times* 14. 12. 2000.

Treneman, Ann: Le Carré Comes in from the Cold, *The Times* 9. 12. 2000.

Tschapke, Reinhard: Fußsoldaten des Kalten Krieges, *Die Welt* 19. 10. 1991.

Vestey, Michael: Confusion of Loyalties, *The Spectator* 13. 2. 1999, S. 50.

Vogt, Jochen: Chronist der Schattenkriege, *Neue Ruhr Zeitung* 14. 10. 2001.

Vogt, Jochen: Taschenbücher, *Freitag* 29. 3. 1991.

Vogt, Jochen: Wie wird man zum Spion?, *Frankfurter Rundschau* 1. 10. 1986.

WMH: ›Die beste Spionagegeschichte‹, *Hamburger Abendblatt* 7./8. 11. 1964.

Wapshott, Nicolas: Tinker, Tailor, Soldier, Novelist, *The Times* 6. 9. 1982, S. 7.

Whitney, Craig R.: Russians Warm to Le Carré, *The New York Times* 22. 5. 1989, S. C13, C18.

Willemsen, Roger: Die blaue Blume der Spione, *Die Woche* 15. 9. 1995.

Wilson-Smith, Anthony: The Le Carré File, *Maclean's* 5. 4. 1999, S. 54–57.

Winter, Leon de: Das Gute ist grausam, *Die Woche* 14. 5. 1999.

Wittstock, Uwe: Alles ist ein Thriller, *Profil* 3. 5. 1999.

Zeindler, Peter: Der Kampf um den Frieden, eine Abnutzungsschlacht, *Tages-Anzeiger* 7. 10. 1977.

Zucker, Renée: Schön – und dämlich? Die jüngsten Romane und ihre Frauenfiguren, *du – Die Zeitschrift der Kultur* 3/1998, S. 62–64.

Zundel, Rolf: Engländer müßte man sein, *Die Zeit* 13. 12. 1968.

2.4 Rezensionen zu einzelnen Werken

2.4.1 Rezensionen zu Schatten von gestern

Boucher, Anthony: Criminals at Large, *The New York Times Book Review* 7. 4. 1963.

Bütow, Hans: Fingerübungen eines starken Talents, *Die Welt* 22. 2. 1964.

Dr. H. L.: Mit psychologischem Raffinement, *Hamburger Echo* 17. 12. 1963.

N. N.: More Le Carré Capers, *TIME* 29. 5. 1964, S. 62.

WMH: Wer ist John le Carré?, *Hamburger Abendblatt* 13. 12. 1963.

Wien, Werner: Im Londoner Nebel, *Der Tagesspiegel* 13. 10. 1963.

2.4.2 Rezensionen zu Ein Mord erster Klasse

Bohlender, Rolf: Ein Mord – wirklich erster Klasse, *Die Rheinpfalz* 24. 11. 1966.

Boucher, Anthony: Criminals at Large, *The New York Times Book Review* 8. 9. 1963, S. 45.

GE: Mord im College, *Westdeutsche Allgemeine Zeitung* 10. 9. 1966.

Honnef, Klaus: John le Carrés neuer Roman, *Aachener Nachrichten* 3. 12. 1966.

N. N.: Skills and Thrills, *The Times Literary Supplement* 31. 8. 1962.

Nettelbeck, Uwe: Kein Mord erster Klasse, *Die Zeit* 7. 10. 1966, S. 31.

Pietrek, Klaus W.: John le Carré: ›Ein Mord erster Klasse‹. In: Klaus Peter Walter (Hg.), Lexikon der Kriminalliteratur: Autoren, Werke, Themen, Aspekte, 25. Ergänzungslieferung, Meitingen: Corian, 1999, S. 1–2.

Scholle, Klaus: Ein Krimi mit Anspruch, *Christ und Welt* 18. 11. 1966.

2.4.3 Rezensionen zu Der Spion, der aus der Kälte kam

Adams, Robert M.: Couldn't Put It Down, *New York Review of Books* 5. 3. 1964, S. 13f.

Allsop, Kenneth: Is This the Private Nightmare of a Master Spy, *Daily Mail* 12. 9. 1963.

Boucher, Anthony: Temptations of a Man Isolated in Deceit, *The New York Times Book Review* 12. 1. 1964, S. 5.

Giehse, Harald: Der Spion aus der Kälte, *Die Welt am Sonntag* 5. 7. 1964.

Grack, Günther: Der Spion, der von sich reden machte, *Der Tagesspiegel* 24. 1. 1965.

Harling, Robert: Something near the Truth?, *The Sunday Times* 15. 9. 1963.

Iles, Francis: Criminal Records, *The Guardian* 11. 10. 1963, S. 9.

Kenner, Hugh: The Spy Comes into the Drugstore, *National Review* 27. 7. 1965, S. 654–656.

Lüdemann, Wolf: Der düstere Alltag des Spions, *Die Welt* 30. 4. 1964.

Maetzke, Ernst-Otto: … Spione – Spione – Spione …, *Frankfurter Allgemeine Zeitung* 27. 10. 1964.

Miros, Paul: Brutalität nach Maß, *Christ und Welt* 18. 9. 1964.

Moschner, Manfred: Ein Roman aus der dunklen Welt der Spionage, *Bonner Rundschau/Kölnische Rundschau* 21. 11. 1964.

N. N.: Kalt an der Mauer, *Der Spiegel* 1. 4. 1964.

N. N.: Der Abenteurer als Mensch, *Express* 17. 10. 1964.

N. N.: Limits of Control, *The Times Literary Supplement* 13. 9. 1963.

Nollau, Günther: Nichts ist authentisch, *Der Spiegel* 20. 1. 1965, S. 77.

Wolf, Edmund: Menschen als Automaten, *Die Zeit* 2. 4. 1965, S. 26.

2.4.4 Rezensionen zu Krieg im Spiegel

Ambler, Eric: John le Carré Escapes the Follow-Up Jinx, *Life* 30. 7. 1965, S. 8.

Campbell, Alex: Thrillers for Eggheads, *New Republic* 3. 7. 1965, S. 25f.

Droese, Detlef: Vom Handwerk der Spione, *Die Weltwoche* 28. 5. 1965.

Elliott, George P.: It's the Spy Who Counts, *The New York Times Book Review* 25. 7. 1965, S. 5.

Enzensberger, Howard: Up the Circus, *The Spectator* 25. 6. 1965, S. 827.

Hicks, Granville: Spies without a Sense of Mission, *Saturday Review* 24. 7. 1965, S. 39f.

Marcus, Steven: Grand Illusions, *New York Review of Books* 5. 8. 1965, S. 20f.

N. N.: New Fiction, *The Times* 24. 6. 1965.

N. N.: Twenty Years After, *The Times Literary Supplement* 24. 6. 1965, S. 533.

N. N.: Ohne Seife, *Der Spiegel* 2. 6. 1965, S. 114f.

Nettelbeck, Uwe: Tödliches Scheingefecht, *Die Zeit* 15. 10. 1965, S. XV.

Reifenrath, Joachim W.: Große Zeiten der kleinen Spione, *Kölner Stadt-Anzeiger* 3. 8. 1966.

Rotzoll, Christa: Seltsamer Männerbund, *Süddeutsche Zeitung* 26. 3. 1996.

Schmieding, Walther: Smiley räumt die Leichen weg, *Westdeutsche Allgemeine Zeitung* 20. 11. 1965.

Stengel, Elisabeth: Parabel vom Kalten Krieg, *Stuttgarter Zeitung* 6. 11. 1965.

Symons, Julian: A Spy Goes Out, *The Sunday Times* 20. 6. 1965.

W.: Zweimal Carré – Ein neuer Typ von Spionageroman, *Pfälzer Tageblatt* 14. 12. 1968.

2.4.5 Rezensionen zu EINE KLEINE STADT IN DEUTSCHLAND

Beer, Otto F.: Warnung vor einem neuen Führer, *Der Tagesspiegel* 17. 11. 1968.

Boston, Richard: What Became of Harting?, *The New York Times Book Review* 27. 10. 1968, S. 5, 70.

Bütow, Hans: Der Jäger und die Gejagten, *Frankfurter Neue Presse* 13. 11. 1968.

Davenport, Guy: Parables from Inside, *National Review* 19. 11. 1968, S. 1172–1174.

Dempf, Anneliese: Mehr als ein Detektivroman, *Salzburger Nachrichten* 4. 5. 1969.

Härlin, Camilla: Als Spürhund am Rhein, *Christ und Welt* 1. 11. 1968.

Helwig, Werner: Fatale Weltminute in Bonn von 1980, *Rheinische Post* 23. 11. 1968.

Karasek, Hellmuth: Ritter, Tod und Teufel in Bonn, *Die Zeit* 29. 11. 1968, S. Lit9.

Kaufmann, Richard: Auch der Haß entstellt die Züge, *Christ und Welt* 27. 12. 1968.

Keating, H. R. F.: From Bonn, a Literary Bundle, *The Times* 2. 11. 1968, S. 22.

Kraeter, Dieter: Der Anti-Bond in Bonn, *Rheinischer Merkur* 22. 11. 1968.

Maddocks, Melvin: Le Carré at His Best with an Ethical Spy, *Life* 25. 10. 1968, S. 6.

Meyer, Claus Heinrich: Kleine Stadt am Rhein, *Süddeutsche Zeitung* 16. 11. 1968.

Müller, Dorothea: Aufwind mit nationalen Parolen, *General-Anzeiger* 1./2. 5. 1999.

N. N.: Labyrinthine Ways, *The Times Literary Supplement* 31. 10. 1968, S. 1218.

N. N.: Vertrauter Agent, *Der Spiegel* 4. 11. 1968.

Neumann, Robert: Thriller mit finsterer Tendenz, *Konkret* 30. 12. 1968.

Rosenthal, T. G.: Thrillers into Novels, *New Statesman* 8. 11. 1968, S. 641.

Rotzoll, Christa: Hunnen heraus!, *Frankfurter Allgemeine Zeitung* 26. 11. 1968.

Schauder, Karlheinz: Utopie über Bonn, *Deutsche Post* 26. 7. 1969.

Schlichting, Günter: Ein Thriller mit finsterer Tendenz, *Die Welt am Sonntag* 3. 11. 1968.

Spiel, Hilde: Ein englischer Alptraum, *Die Weltwoche* 14. 2. 1969.

Tamms, Werner: Mit gemischten Gefühlen, *Westdeutsche Allgemeine Zeitung* 9. 11. 1968.

Turner, E. S.: Chancery Creeps, *The Listener* 31. 10. 1968, 588.

Wirth, Fritz: Blick nach vorn auf Bonn, *Die Welt* 19. 12. 1968.

2.4.6 Rezensionen zu DER WACHSAME TRÄUMER

Jones, D.: The New Le Carré, *The Listener* 23. 9. 1971, S. 407f.

Behrisch, Charlotte: Der Bürger, der in die Kälte kam, *Saarbrücker Zeitung* 19. 4. 1972.

Behrisch, Charlotte: Identitäts-Krise, *Rheinischer Merkur* 24. 3. 1972.

Behrisch, Charlotte: Vergeblicher Ausbruch, *Hannoversche Allgemeine Zeitung* 29. 7. 1972.

Bütow, Hans: Doppelexistenz, *Deutsches Allgemeines Sonntagsblatt* 2. 4. 1972.

Eckel, Klaus: Ziemlich mühsame Story, *Düsseldorfer Nachrichten* 3. 7. 1972.

Hensel, Georg: In Ermangelung eines Spions, *Süddeutsche Zeitung* 6. 5. 1972.

Krohn, Rüdiger: Le Carré als Enttäuschung, *General-Anzeiger* 23. 3. 1972.

Lord, Graham: Now John Le Carré Turns His Back on Spies, *Sunday Express* 19. 9. 1971.

N. N.: Barfuß auf dem Dach, *Der Spiegel* 17. 4. 1972.

N. N.: Wishful Thinking, *The Times Literary Supplement* 24. 9. 1971.

Nagel, Wolfgang: Biedermann und Bohemien, *Die Welt* 9. 3. 1972.

Raphael, Frederic: Looking-Glass Hero, *The Sunday Times* 26. 9. 1971.

Schmidt, Jochen: John le Carrés neuer Roman ist kein Agententhriller, *Frankfurter Allgemeine Zeitung* 29. 7. 1972.

Stolte-Adelt, Gertrud: Leben und lieben lassen, *Die Welt am Sonntag* 5. 3. 1972.

th: Ein Ausbruch, *Mannheimer Morgen* 10. 11. 1972.

Tomalin, Claire: Liberated Englishman, *The Observer* 26. 9. 1971.

W. T.: Ein Mann verwirklicht seinen großen Traum, *Neue Hannoversche Presse* 27. 10. 1972.

W. W. S.: Träumend wach, *Die Welt* 3. 4. 1993.

Wolff, Geoffrey: All Naked into the World of Art, *The New York Times Book Review* 9. 1. 1972, S. 7.

2.4.7 Rezensionen zu ENDSTATION

N. N.: Verrat übt nur, wer liebt, *General-Anzeiger* 7./8. 9. 1991.

Nevak, Tanina: Agenten auf dem Güterbahnhof, *General-Anzeiger* 30. 9. 1991.

Rossmann, Andreas: Abstellgleis, *Frankfurter Allgemeine Zeitung* 1. 10. 1991.

Schmidt, Hannes: Das Duell der Spione, *Bonner Anzeigenblatt* 9./10. 10. 1991.

Schulz-Reimpell, Werner: Duell im Güterbahnhof, *Rheinischer Merkur* 4. 10. 1991.

Sparrer, Dieter: Abteil für Spion, *Kölner Stadt-Anzeiger* 30. 9. 1991.

Tschapke, Reinhard: Agent Schlappohr, *Die Welt* 30. 9. 1991.

2.4.8 Rezensionen zu DAME, KÖNIG, AS, SPION

Andreas, A. J.: John le Carré reizt hoch, *Die Welt am Sonntag* 15. 9. 1974.

Becker, Rolf: Maulwurf im Circus, *Der Spiegel* 26. 8. 1974.

Beer, Otto F.: Wie ein Spion enttarnt wird, *Der Tagesspiegel* 17. 11. 1974.

Blankenberg, Franz: Spannende Jagd auf einen ›Maulwurf‹, *Kölnische Rundschau* 30. 8. 1974.

Blumenberg, Hans C.: Ein Guillam ist immer dabei, *Kölner Stadt-Anzeiger* 26. 10. 1974.

Foote, Timothy: Playing Tigers, *TIME* 24. 6. 1974

Gadney, Reg: Triple Agents?, *London Magazine* October/November 1974, S. 73–77.

Helwig, Werner: Philosophie des Spions, *Rheinischer Merkur* 25. 10. 1974.

Hindersmann, Jost: John le Carré: ›Dame, König, As, Spion‹. In: Klaus Peter Walter (Hg.), Lexikon der Kriminalliteratur: Autoren, Werke, Themen, Aspekte, 33. Ergänzungslieferung, Meitingen: Corian, 2001, S. 1–3.

ia: ›Dame, König, As, Spion‹ – vom Kenner beobachtet, *Badische Neueste Nachrichten* 17. 10. 1974.

Keating, H. R. F.: Life without Roots, *The Times* 4. 7. 1974, S. 10.

Locke, Richard: The Spy Who Spied on Spies, *The New York Times Book Review* 30. 6. 1974, S. 1f.

Mahon, Derek: Dolls within Dolls, *The Listener* 4. 7. 1974, S. 30.

Miller, Karl: Gothic Guesswork, *New York Review of Books* 18. 7. 1974, S. 24–27.

Mo, Timothy: Human Spy, *New Statesman* 12. 7. 1974, S. 52.

N. N.: Hunt the Sleeper, *The Times Literary Supplement* 19. 7. 1974.

Pfeifer, Tadeus: Über die Inflation der Literatur, *National-Zeitung* 30. 11. 1974.

Prescott, Peter S.: Smiley vs. the Mole, *Newsweek* 17. 6. 1974, S. 57.

Rotzoll, Christa: Für das Empire erzogen, *Süddeutsche Zeitung* 5. 10. 1974.

Schmidt, Jochen: Die Rückkehr des Jokers, *Frankfurter Allgemeine Zeitung* 3. 9. 1974.

Schwarzkopf, Dietrich: Die Jagd nach dem Maulwurf, *Deutsches Allgemeines Sonntagsblatt* 22. 9. 1974.

Sommer, Hans Peter: Anti-Held in der schmutzigen Welt der Geheimdienste, *Hamburger Abendblatt* 7. 9. 1974.

Symons, Julian: Criminal Activities, *New Review* 4. 7. 1974, S. 60–62.

Tamms, Werner: Maulwurf wühlt im Circus, *Westdeutsche Allgemeine Zeitung* 28. 12. 1974.

Tschechne, Wolfgang: Spionageroman mit literarischem Tiefgang, *Neue Hannoversche Presse* 10. 10. 1974.

Uecker, Barbara: Dem ›Maulwurf‹ auf der Spur, *Hannoversche Allgemeine Zeitung* 14. 9. 1974

W. H.: Carrés Gang in die Kälte, *Rheinische Post* 5. 10. 1974.

2.4.9 Rezensionen zu Eine Art Held

Becker, Rolf: Circus und Ko, *Der Spiegel* 14. 11. 1977, S. 226–228.

Binyon, T. J.: A Gentleman among Players, *The Times Literary Supplement* 9. 9. 1977, S. 1069.

Burgess, Anthony: Moscow Drugs, Peking Gold, *The New York Times Book Review* 25. 9. 1977, S. 9, 45.

Busche, Jürgen: Der Betrüger wird betrogen, Held und Feigling zerbrechen unterschiedslos, *Frankfurter Allgemeine Zeitung* 11. 10. 1977, S. L9.

Crispin, Edmund: The Sinister Circus, *The Sunday Times* 11. 9. 1977, S. 39.

Delcourt, Victor: Ein Thriller aus der Zeit des Vietnamkriegs, *Luxemburger Wort* 6. 5. 1993.

E. K.: Spionage-Roman von ›historischem‹ Rang, *Hessische Allgemeine* 21. 11. 1977.

Fenton, James: Le Carré Goes East, *New Review* 4 (1977), S. 31–34.

Finger, Louis: The Manly One, *New Statesman* 23. 9. 1977, S. 414f.

Gelber, Alexis / Edward Behr: A Stellar Spymaster Returns, *Newsweek* 7. 3. 1983, S. 40–45.

Gerschewski, Horst: Nimmt John le Carré Abschied vom ›Circus‹?, *Kieler Nachrichten* 21. 12. 1977.

he: Ein Spionageroman, *Ruhr-Nachrichten* 10. 1. 1978.

Hamerla, Michael: Der ›Circus‹ muß überleben, *Rheinische Post* 12. 11. 1997.

Hammerstein, Dorothee: Gemälde vom Verfall, *Badische Zeitung* 18. 2. 1978.

Helwig, Werner: Das Geheimnis der ›russischen Goldader‹, *Schwäbische Zeitung* 10. 2. 1978.

Helwig, Werner: Der Maulwurf in Peking, *Rheinischer Merkur* 14. 10. 1977.

Horn, Effi: Spionage-Circus, *Münchner Merkur* 19. 11. 1977.

Howald, Stefan: Nach dem Ende geht es weiter, *Tages-Anzeiger* 23. 3. 1993.

James, Clive: Go Back to the Cold!, *New York Review of Books* 27. 10. 1977, S. 29f.

Keating, H. R. F.: With Sweep and Vision, *The Times* 8. 9. 1977.

Leonhardt, Rudolf Walter: Das Leben – eine Verschwörung, *Die Zeit* 23. 9. 1977, S. 50.

Mehnert, Klaus: Der letzte Coup, *Deutsche Zeitung/Christ und Welt* 3. 2. 1978.

Rotzoll, Christa: Ein asiatisches Denkspiel um Spionage und Liebe, *Kölner Stadt-Anzeiger* 11. 11. 1977.

Rotzoll, Christa: Der Tod eines Außenagenten, *Süddeutsche Zeitung* 10. 11. 1977.

Rüedi, Peter: Eine Art Thriller, *Die Weltwoche* 7. 12. 1977.

Schwarzkopf, Dietrich: Erfüllte Ahnungen, *Deutsches Allgemeines Sonntagsblatt* 16. 10. 1977.

Starkmann, Alfred: Bürger Ko hütet ein schlimmes Geheimnis, *Die Welt* 12. 10. 1977, S. XI.

Stern, Laurence: The Secret World of George Smiley, *Washington Post* 9. 10. 1977, S. E1, E6.

tie: Le Carres feinstes Thriller-Gestrick, *Die Presse* 26. 11. 1977.

Vaizey, Lord: Futile Jerry, *The Listener* 29. 9. 1977, S. 409.

West, Richard: Local Colour, *The Spectator* 10. 9. 1977, S. 19f.

Wulfen, Christian: Balzac in Hongkong, *Kölnische Rundschau* 30. 11. 1977.

2.4.10 Rezensionen zu Agent in eigener Sache

Alvarez, A.: Half-angels versus Half-devils, *The Observer* 3. 2. 1980, S. 39.

Becker, Rolf: Fair zu Karla, *Der Spiegel* 17. 3. 1980, S. 246–249.

Binyon, T. S.: Your Whole Range of Faces, *The Times Literary Supplement* 5. 11. 1982, S. 1218.

Booker, Christopher: Spymasters and Spy-Monsters, *The Spectator* 9. 2. 1980, S. 16f.

Broyard, Anatole: Le Carré's People, *The New York Times Book Review* 29. 8. 1982, S. 23.

Buch, Hans Christoph: Die schmutzige Poesie des Kalten Krieges, *Frankfurter Rundschau* 26. 4. 1980, S. IV.

Busche, Jürgen: Unglück eines nicht gelebten Lebens, *Frankfurter Allgemeine Zeitung* 2. 4. 1980, S. 26.

Caute, David: It Was a Man, *New Statesman* 8. 2. 1980, S. 209.

Kieckhöfel, Erich: Bücher, von denen man spricht, *Hessische Allgemeine Zeitung* 3. 5. 1980.

Knorr, Wolfram: Der lange Abschied, *Die Weltwoche* 14. 5. 1980.

Lekachman, Robert: Good Boys, Bad Boys, Old Boys, *The Nation* 26. 4. 1980, S. 504–506.

Leonhardt, Rudolf Walter: Die geheime Welt des John le Carré, *Die Zeit* 4. 4. 1980, S. 62.

McLellan, Joseph: George Smiley's Revenge, *Washington Post* 23. 12. 1979, S. 1, 4.

Moynahan, Julian: Smiley's People, *New Republic* 19. 1. 1980, S. 31f.

Paulin, Tom: National Myths, *Encounter* June 1980, S. 58–63.

Peck, Christoph: Der Kampf der alten Kämpen, *Kölner Stadt-Anzeiger* 24./25./26. 5. 1980.

Prawer, S. S.: The Circus and Its Conscience, *The Times Literary Supplement* 8. 2. 1980, S. 131f.

Pritchett, V. S.: A Spy Romance, *New York Review of Books* 7. 2. 1980, S. 22–24.

Ratcliffe, Michael: George's Black Grail, *The Times* 7. 2. 1980, S. 12.

Snow, C. P.: Estonian Connection, *Financial Times* 2. 2. 1980, S. 10.

Starkmann, Alfred: Mord auf der Heide von Hampstead, *Die Welt* 29. 3. 1980.

Sturm, Reinhardt: Weitertappen im Schlepptau von Smiley, *Badische Zeitung* 3./4. 5. 1980.

Wood, Michael: Spy Fiction, Spy Fact, *The New York Times Book Review* 6. 1. 1980, S. 1, 16f.

2.4.11 Rezensionen zu Die Libelle

Binyon, T. J.: Theatre of Terror, *The Times Literary Supplement* 25. 3. 1983, S. 289.

Bragg, Melvyn: Off Beat, *Punch* 23. 3. 1983, S. 69.

Buckley, William F.: Terror and a Woman, *The New York Times Book Review* 19. 3. 1983, S. 1, 23.

Busche, Jürgen: Das ferngesteuerte Mädchen, *Frankfurter Allgemeine Zeitung* 24. 9. 1983, S. 26.

Cruz-Smith, Martin: Season of Spies, *Esquire* April 1983, S. 106f.

Diamond, Julie: Spies in the Promised Land, *Race and Class* 24 (1984), S. 35–40.

Freyermuth, Gundolf: Brennpunkt Beirut, *Stern* 17. 3. 1983.

Gerschewski, Horst: Doppelbödige Spionagegeschichte, *Kieler Nachrichten* 13. 9. 1983.

Gray, Paul: In the Theatre of Deeds, *TIME* 14. 3. 1983.

Gross, John: Shadow of a Terrorist, *The Observer* 27. 3. 1983

Hapees, H.: Einer mischt sich ein, *Saarbrücker Zeitung* 29. 9. 1983.

Heinemann, Frank J.: Agenten im Räderwerk, *Kölner Stadt-Anzeiger* 29. 11. 1983.

Hitchens, Christopher: Something for Everybody, *Literary Review* July 1983, S. 37f.

Kellman, Steven G.: The Fearful Symmetry of John le Carré, *Georgia Review* 37:4 (1983).

Knorr, Wolfram: Die aufgespiesste Libelle, *Die Weltwoche* 8. 9. 1983.

Laemmle, Peter: Verratene Menschlichkeit, *Süddeutsche Zeitung* 17./18. 9. 1983.

LaRoche, Emanuel: ›Pech‹ mit weiblichen Hauptfiguren, *Tages-Anzeiger Zürich* 10. 9. 1983.

Laski, Marghanita: Oh, the Brave Music, *The Listener* 21. 4. 1983, S. 27f.

Leitenberger, Ilse: Heißer Krieg, *Die Presse* 7. 9. 1983.

Leonhardt, Rudolf Walter: Literatur als Welttheater des Wirklichen, *Die Zeit* 2. 9. 1983, S. 35.

Mullin, Charlie: A Mucky Business, *Tribune* 8. 4. 1983.

N. N.: Der grausamste Witz der Weltgeschichte, *Der Spiegel* 11. 4. 1983.

Prescott, Peter S.: In the Theatre of the Real, *Newsweek* 7. 3. 1983, S. 42f.

Pryce-Jones, David: A Demonological Fiction, *New Republic* 18. 4. 1983, S. 27–30.

Pryce-Jones, David: Drumming up Hatred, *The Spectator* 16. 4. 1983, S. 9f.

Puchalla, Werner: Tödliches Theater, *Westdeutsche Allgemeine Zeitung* 26. 1. 1984.

Quinton, Anthony: Romance of a Charlie, *The Times* 31. 3. 1983.

Rose, Ulrich: Spiel im Halbdunkel, *Badische Zeitung* 30. 9. 1983.

Schreiber, Helene: Charlies blutiges Theater, *Rheinischer Merkur/Christ und Welt* 14. 10. 1983.

Schwartz, Leonore: Spannung im Nahen Osten, *Der Tagesspiegel* 30. 10. 1983.

Schwarzkopf, Dietrich: Lied der kleinen Trommlerin, *Deutsches Allgemeines Sonntagsblatt* 16. 10. 1983.

Semmelroth, Felix: Heiligt der Zweck die Mittel?, *EnglischAmerikanische Studien* 5 (1983), S. 611–617.

Shipp, Randy: Le Carré's Newest Spy Is a Woman, *Christian Science Monitor* 30. 3. 1983.

Sinclair, Clive: Eastern Approaches, *Encounter* July 1983, S. 89–93.

Starkmann, Alfred: Keine spielt besser als Charlie, *Die Welt* 3. 9. 1983.

Symons, Julian: A Book to Be Buried With, *The Sunday Times* 27. 3. 1983, S. 42.

uh: Die Bombe geht in der Uni hoch, *Freiburger Zeitung* 3./4. 9. 1983.

Vogt, Jochen: Halb-Engel kämpfen gegen Halb-Teufel, *Frankfurter Rundschau* 17. 9. 1983.

Waugh, Auberon: Mixed up by a Master, *Daily Mail* 31. 3. 1989, S. 7.

Wolcott, James: The Secret Sharers, *New York Review of Books* 14. 4. 1983, S. 19–21.

2.4.12 Rezensionen zu Ein blendender Spion

Annan, Noel: Underground Men, *New York Review of Books* 29. 5. 1986, S. 3–6.

Barnes, Anne: A Perfect Mess of Spies, *The Times* 2. 5. 1987.

Beer, Otto F.: Agent in eigener Sache, *Der Tagesspiegel* 12. 10. 1986.

Birkenseer, Karl: Ein Tollhaus, das jeden Augenblick närrischer wird, *Mittelbayerische Zeitung* 25./26. 10. 1986.

Burgess, Anthony: Defector as Hero, *The Observer* 16. 3. 1986.

Conroy, Frank: Sins of the Fathers, *The New York Times Book Review* 13. 4. 1986, S. 1, 24.

f. s.: Meister der subtilen Spannung, *Neue Zeit* 20. 2. 1987.

Falcke, Eberhard: Ein Agent wird Autobiograph, *Süddeutsche Zeitung* 7. 1. 1987.

Fischer-Fabian, S.: Der Doppelagent und seine Ersatzväter, *Die Welt am Sonntag* 19. 10. 1986.

Fuller, Edmund: The Firm vs. the Agency, *The Wall Street Journal* 22. 4. 1986.

Fuß, Holger: Vatermord auf englisch, Playboy Oktober 1986.

Hahnl, Hans Heinz: Weder Heldentum noch Verrat, *Neue AZ* 11./12. 10. 1986.

Heald, Tim: Cracking the Code of the Hidden Shoals, *The Times* 20. 3. 1986, S. 11.

hw: Ein verpfuschtes Leben, *Südkurier* 31. 1. 1987.

Leitenberger, Ilse: Vaterkonterfei und Spionageroman, *Die Presse* 10./11. 1987.

Lord, Graham: What a Charming Crook of a Father Did to Le Carré, *The Sunday Express* 16. 3. 1986, S. 6.

Lubowski, Bernd: Le Carrés blendender Spion führt ein Leben mit gezinkten Karten, *Berliner Morgenpost* 4. 1. 1987.

Morrison, Blake: Love and Betrayal in the Mist, *The Times Literary Supplement* 11. 4. 1986, S. 381f.

N. N.: Agententhriller, *Salzburger Landszeitung* 16. 10. 1986.

N. N.: Beichte eines Dienst-Mannes, *Stern* 26. 9. 1986.

Rose, Lloyd: Out in the Cold, *Atlantic Monthly* 257: 5 (1986).

Rose, Ulrich: Agenten-Beichte, *Badische Zeitung* 13./14. 12. 1986.

Schmidt, Jochen: Ein teuflischer Pakt oder Verraten, was man liebt, *Frankfurter Allgemeine Zeitung* 29. 11. 1986.

Schwarzkopf, Dietrich: Verrat übt nur, wer liebt, *Deutsches Allgemeines Sonntagsblatt* 19. 10. 1986.

Starkmann, Alfred: Abrechnung in Miß Dubbers Pension, *Die Welt* 3. 12. 1986.

Sutherland, John: Carré on Spying, *London Review of Books* 3. 4. 1986, S. 5f.

Wiese, Heidi: Die Erziehung zum Doppelspion, *Westfalen-Blatt* 9. 4. 1987.

2.4.13 Rezensionen zu Das Russland-Haus

Alten, Michael: Der Schrecken im grauen Anzug, *Süddeutsche Zeitung* 2./3. 9. 1989.

AP: Le Carrés ›Rußland-Haus‹ in der UdSSR, *Süddeutsche Zeitung* 18. 9. 1989.

Bannon, Barbara A.: Espionage Turns a Corner, *Commonweal* 14. 7. 1989, S. 407f.

Bensmann, Hans: Spionage-Alltag, *Rheinische Post* 28. 10. 1989.

Birkenseer, Karl: Kein Tauwetter war je so mild, *Mittelbayerische Zeitung* 11. 10. 1989

Cruise O'Brien, Conor: Bad News for Spies, *The New York Times Book Review* 21. 5. 1989.

Delcourt, Victor: Ein neuer Höhepunkt in John le Carrés Schaffen, *Luxemburger Wort* 5. 10. 1989.

Dietrich, Erika: Das Märchen im Märchen im Märchen, *Mainzer Allgemeine Zeitung* 7. 10. 1989.

Eilert, Bernd: Britannischer Fado, *Frankfurter Allgemeine Zeitung* 10. 10. 1989, S. L16.

Erofeev, Victor: Betrayal, *New York Review of Books* 28. 9. 1989, S. 9–12.

Freitag, Michael: Gorbi als Killer des Spionage-Thrillers, *Bücherpick* 3/89.

French, William: Glasnost and Its Consequences, *The Globe and Mail* 10. 6. 1989, S. C17.

Gallasch, Walter: Terror der Staatsmacht, *Nürnberger Nachrichten* 23. 8. 1989.

Gerschewski, Horst: Barley, der Spion, der in die Kälte ging, *Kieler Nachrichten* 5. 10. 1989.

Goodman, Walter: A Spy Is a Spy, *The New Leader* 29. 5. 1989, S. 10f.

Gray, Paul: A Master Hits His Old Pace, *TIME* 29. 5. 1989, S. 50.

Haefs, Gisbert: Goethe und der KGB, *Rheinischer Merkur/Christ und Welt* 2. 3. 1990.

Haefs, Gisbert: Krimi-Ecke, *Die Welt* 14. 10. 1989.

Hammerstein, Dorothee: Spionieren heißt warten, *Badische Zeitung* 26./27. 8. 1989.

Heyn-Benzin, Ursula: Der kalte Krieg im Bücherschrank, *Westfalenpost* 19. 8. 1989.

Jelinek, Elfriede: Leere Plastiktüten, *Profil* 9. 10. 1989.

Jones, J. D. F.: Le Carré auf dünnem Eis, *Die Welt* 10. 10. 1989.

Klähn, Bernd: Tauwetter, *Basler Zeitung* 30. 11. 1989.

Klingenmeier, Thomas: Blufft die sowjetische Atommacht?, *Stuttgarter Zeitung* 1. 9. 1989.

Knigge, Jobst: Der Spion kommt jetzt aus dem Tauwetter, *Trierischer Volksfreund* 15./16. 7. 1989.

Knigge, Jobst: Der Spion, der aus dem Tauwetter kam, *Fuldaer Zeitung* 18. 8. 1989.

Knigge, Jobst: Der Spion, der aus dem Tauwetter kam, *Neue Westfälische* 11. 7. 1989.

Knigge, Jobst: Die Spione, die jetzt aus dem Tauwetter kommen, *Ruhr Nachrichten* 7. 8. 1989.

Kronsbein, Joachim: Der Spion, der in die Perestroika kam, *Hamburger Abendblatt* 18. 8. 1989.

Kröter, Thomas: Nicht immer hilft Glasnost, *Kölner Stadt-Anzeiger* 10. 11. 1989.

Kucherawy, Dennis: Romance in Russia, *Maclean's* 19. 6. 1989, S. 55.

La Roche, Emanuel: Die Angst der Geheimen vor Glasnost, *Tages-Anzeiger* 27. 9. 1989.

Lehmann-Haupt, Christopher: Le Carré Takes Espionage into the Age of Perestroika, *The New York Times* 18. 5. 1989, S. C28.

Leiser, Erwin: John le Carré, *Frankfurter Allgemeine Zeitung – Magazin* 18. 8. 1989, S. 10–18.

Leitenberger, Ilse: Operation Bluebird, *Die Presse* 16. 8. 1989.

Leo: Alte Spione, *Zeitmagazin* 7. 7. 1989, S. 30f.

Locke, Richard: Spies in the Age of Glasnost, *The Wall Street Journal* 30. 5. 1989.

Lubowski, Bernd: Brisantes Material vom Geheimdienst, *Berliner Morgenpost* 27. 8. 1989.

Martenstein, Harald: Nur Eitelkeit kann die Welt noch retten, *Der Tagesspiegel* 29. 11. 1989.

Mathews, Tom: In from the Cold, *Newsweek* 5. 6. 1989, S. 42–47.

Meier, Richard: Glasnost auch für Spione, *Die Welt am Sonntag* 8. 10. 1989.

Münder, Peter: Perestroika und Paranoia, *Neue Zürcher Zeitung* 17./18. 9. 1989.

N. N.: Der Spion, der in die Perestroika kam, *Der Spiegel* 7. 8. 1989, S. 142f.

N. N.: Eine Art Verräter, *Profil* 17. 7. 1989.

N. N.: Tauwetter und Spionage, *Heilbronner Stimme* 5. 8. 1989.

Offenburg, Maren: Einmal Rußland und zurück, *Saarbrücker Zeitung* 11. 10. 1989.

Perrick, Penny: A World without Love, *The Sunday Times* 2. 7. 1989, S. G6.

Petrov, Sergei L.: The Little Drummer Boy, *The New Republic* 21. 8. 1989, S. 30–32.

Reitz, Klaus: Die Schattenkämpfe der kalten Krieger, *Mannheimer Morgen* 28. 7. 1989.

Schwartz, Leonore: Spionieren ist Warten, *General-Anzeiger* 11. 10. 1989.

Schwarzkopf, Dietrich: Ob Goethe echt ist?, *Deutsches Allgemeines Sonntagsblatt* 18. 8. 1989.

Truehart, Charles: John le Carré: The Spy Spinner after the Thaw, *Washington Post* 25. 5. 1989, S. D1–D3.

Türk, Joachim: Spannung sprießt, *Rhein-Zeitung* 28. 8. 1989.

Vogt, Jochen: Glasnost und die Zukunft der Spione, *Frankfurter Rundschau* 10. 10. 1989, S. B16.

Wagner, Rainer: Goethes Botschaft und der Glaube, *Fränkischer Tag* 21. 10. 1989.

Walsh, John: The Perfect Spymaster, *The Sunday Times* 25. 6. 1989.

Waugh, Harriet: The Spy Who Went out to the Warm, *The Spectator* 1. 7. 1989, S. 26f.

Wiese, Heidi: Spionage-Industrie der Welt arbeitet jetzt auf Hochtouren, *Westfalen-Blatt* 24. 11. 1989.

2.4.14 Rezensionen zu Der heimliche Gefährte

Bemrose, John: Cold War of the Soul, *Maclean's* 21. 1. 1991, S. 55.

Boyd, William: Oh, What a Lovely Cold War, *The New York Times Book Review* 6. 1. 1991, S. 3.

Buchan, James: A Smiley on the Face of a Tiger, *The Spectator* 12. 1. 1991, S. 20f.

Buruma, Ian: After the Fall, *New York Review of Books* 28. 3. 1991, S. 8f.

Busche, Jürgen: Die Falschen haben gewonnen, *Süddeutsche Zeitung* 4. 5. 1991.

Buzas, Meinhard: Flucht in die Vergangenheit, *Oberösterreichische Nachrichten* 2. 5. 1991.

Chorherr, Thomas: Spione, Autoren und das amtliche Telefonbuch, *Die Presse* 27. 4. 1991.

Chowanetz, Ken: Verlorene Zeit im Geheimdienst, *Wiesbadener Kurier* 17. 8. 1991.

Christoph, Georg: Blutiger Sommer, *Petra* Juni 1991.

Dattler, Wolfgang: Spannende Entspannung, *Harpers Bazar* Juli 1991.

diri: Im ›Circus‹ gibt's nur noch Erinnerungen, *Allgemeine Zeitung* 6. 9. 1991.

Ebel, Martin: Smiley darf nicht sterben, *Badische Zeitung/BZ-Magazin* 3./4. 8. 1991.

Fountain, Nigel: Smiley's People, *New Statesman & Society* 18. 1. 1991, S. 35.

Freitag, Michael: Agent verliert Spickzettel, *Frankfurter Allgemeine Zeitung* 13. 5. 1991.

Gallasch, Walter: In den Fängen des Geheimdienstes, *Nürnberger Nachrichten* 1./2. 6. 1991.

Gerschewski, Horst: Spionage-Paella, *Kieler Nachrichten* 4. 7. 1991.

Gray, Paul: Ice Cubes, *TIME* 14. 1. 1991, S. 48.

Hahn, Dorothea: Patriotischer Einsatz, *die tageszeitung* 21. 6. 1991.

Huber, Christine: Als der kalte Krieg noch keine kalten Füsse hatte, *Berner Zeitung* 17. 7. 1991.

Hughes, David: Smiley's Triumphant Last Word in Espionage, *Mail on Sunday* 6. 1. 1991, S. 36.

Jeffery, Keith: The Thoughts of Chairman Smiley, *The Times Literary Supplement* 11. 1. 1991, S. 24.

Kalender, Karl-Heinz: Spionage ist nur noch Selbstbetrug, *Westfälische Rundschau* 29. 5. 1991.

Kawohl, Marion: Schmerzliche Erinnerungen des alten Ned, *Saarbrücker Zeitung* 27./28. 7. 1991.

Kearns, George: Fiction: In History and out, *The Hudson Review* 44 (1991), S. 491–499.

Kessler, Oswald: Das Geschäft mit dem Verrat, *Der Standard* 2. 8. 1991.

Kohls, Mareile: Heimlicher Held, *Prinz* Juni 1991.

Leonhardt, Rudolf Walter: Liebe braucht keinen Circus, *Die Zeit* 31. 5. 1991, S. 55.

Löffler, Sigrid: Spion im Ruhestand, *Profil* 25. 2. 1991.

Martenstein, Harald: Eine Karriere lang Krieg, *Der Tagesspiegel* 23. 6. 1991.

Meissner, Toni: Eingekeilt zwischen Pudding und Portwein, *Abendzeitung* (München) 6. 6. 1991.

Melchert, Rulo: Jahre des ›kalten Krieges‹ in Bildern des Kaleidoskops, *Sächsische Zeitung* 5. 7. 1991.

Mohnholz, Waltraud: Ein Stück Weltgeschichte – aus Agentensicht erzählt, *Berliner Zeitung* 17. 7. 1991.

Münder, Peter: Episoden aus dem kalten Krieg, *Neue Züricher Zeitung* 19. 6. 1991.

N. N.: Keep Smiley, *Sibylle* Mai 1991.

N. N.: Patchwork der Eitelkeiten, *Der Spiegel* 3. 6. 1991, S. 244f.

Paul, Wolfgang: Carrés Spione kehren noch einmal aus der Kälte zurück, *Berliner Morgenpost* 26. 5. 1991.

Pralle, Uwe: Der Krieg der Agenten im ewigen Frieden, *Frankfurter Rundschau* 6. 7. 1991.

Preusse, Manfred: Bücher für die Urlaubszeit, *Thüringer Tageblatt* 6. 7. 1991.

Reitz, Klaus: Chronik des ewigen Mißtrauens, *Mannheimer Morgen* 2. 5. 1991.

Rost, Alexander: Smiley kehrt zurück – in eine verwirrte Welt der Spione, *Die Welt am Sonntag* 14. 4. 1991.

Schwarzkopf, Dietrich: Aus dem Ruhestand zurück, *Deutsches Allgemeines Sonntagsblatt* 14. 6. 1991.

Spaeth, Anthony: Le Carré Looks Backward, *The Wall Street Journal* 18. 12. 1990.

Tholund, Sabine: Die Welt der Spionage als Mikrokosmos, *Bergedorfer Zeitung* 25. 5. 1991.

TR: Legendär, *Die Welt* 19. 12. 1992.

Wiese, Heidi: Zuneigung für Guiness, *Westfalen-Blatt* 20. 9. 1991.

Wordsworth, Christopher: Carry on, Le Carré, *The Observer* 6. 1. 1991, S. 47.

Zitzmann, Peter: Smileys Vermächtnis, *Hessische/Niedersächsische Allgemeine* 18. 5. 1991.

2.4.15 Rezensionen zu Ein guter Soldat

Bengel, Michael: Sehnsucht nach Abwechslung, *Kölner Stadt-Anzeiger* 6. 12. 1991.

Keiser, Marcel H.: ›Ich war stolz darauf, mich mit ihm zeigen zu dürfen‹, *Die Weltwoche* 13. 6. 1991.

Krotky, Peter: Le Carrés Psychogramm eines guten Soldaten, *Die Presse* 28./29. 12. 1991.

Leonhardt, Rudolf Walter: Der Sündenbock, *Die Zeit* 14. 2. 1992.

N. N.: Der Schweizer General und der KGB, *Stern* 10. 10. 1991.

N. N.: Flittern mit Deni, *Der Spiegel* 18. 11. 1991, S. 302–305.

N. N.: Jahrhundert-Spion, *Rheinischer Merkur* 20. 9. 1991.

N. N.: Soldatentum und Landesverrat, *Neue Zürcher Zeitung* 26. 7. 1991.

Nievergelt, Gery: Bericht aus einem Land im Kalten Krieg, *SonntagsZeitung* 11. 8. 1991.

Sulzer, Alain Claude: ›Ein Mann voll guten Willens‹, *Basler Allgemeine Zeitung* 18. 10. 1991.

2.4.16 Rezensionen zu Der Nachtmanager

Abrams, Elliott: Arms for Drugs: Coming out of the Cold War, *The Wall Street Journal* 30. 6. 1993.

Beer, Otto F.: Waffen und Drogen, *Der Tagesspiegel* 19. 12. 1993.

Bengel, Michael: Von Waffen, Geld und Drogen, *Kölner Stadt-Anzeiger* 24. 9. 1993.

Berman, Paul: Puttin' on the Ritz, *The New Republic* 9. 8. 1993, S. 35–39.

Birkenseer, Karl: Im Visier: der schlimmste Mann der Welt, *Mittelbayerische Zeitung* 6. 10. 1993.

Busche, Jürgen: Das doppelte Spiel des Jonathan Pine, *Süddeutsche Zeitung* 7./8. 8. 1993.

Chorherr, Thomas: Der Dauerbrenner flackert, *Die Presse* 18. 9. 1993.

cid: Der schlimmste Mann der Welt, *Darmstädter Echo* 7. 8. 1993.

Ebel, Martin: Männer in Grau, *Badische Zeitung* 2. 10. 1993.

Fountain, Nigel: Stink of Decay, *New Statesman* 9. 7. 1993, S. 37f.

Fries, Fritz Rudolf: Der Joker ist ein Glückspilz, *Focus* 2. 8. 1993, S. 65f.

Haupt, Klaus: Der Feind ist nicht draußen, *Neues Deutschland* 19. 11. 1993.

Hochstein, Hartwig: Ein Le Carré vom Feinsten, *Leipziger Volkszeitung* 5. 10. 1993.

Hollander, John: Fiction in Review, *The Yale Review* 82: 1 (1994), S. 150–160.

Iyer, Pico: Civil Wars in the Soul, *TIME* 26. 7. 1993, S. 47f.

J. Sch.: Liebe und Verrat, *Basler Zeitung* 16. 12. 1993.

Kalender, Karl-Heinz: Bei John le Carré: Ein Koch bekämmpft das Übel der Welt, *Westfälische Rundschau* 18. 8. 1993.

Karas, Christa: Der Endsieg des Bösen, *Wiener Zeitung* 15. 10. 1993.

Karsunke, Yaak: Altes Muster, ausgewalzt, *Frankfurter Rundschau* 28. 8. 1993.

Koss, Ralf: Beruf mit Zukunft, *Berliner Zeitung* 7. 10. 1993.

Kuhn, Christoph: Die Jagd auf den Mann mit der reinen Weste, *Tages-Anzeiger* 31. 8. 1993.

Leonhardt, Rudolf Walter: Am Ende bleibt die Liebe, *Die Zeit* 19. 11. 1993.

Löffler, Sigrid: Auch die Schnüffler ändern sich, *Die Weltwoche* 26. 8. 1993.

Mischke, Roland: Von maßlosem Ehrgeiz, *Rheinische Post* 2. 10. 1993.

Mischke, Roland: Zuviel zugemutet, *General-Anzeiger* 30./31. 10. 1993.

N. N.: Cornwell's People, *The Economist* 19. 7. 1993, S. 84.

N. N.: Le Carré und das Kokain, *Sibylle* Mai 1993.

N. N.: Melancholie und Verbrechen, *Der Spiegel* 9. 8. 1993, S. 147–149.

N. N.: Spion in der Höhle des Löwen, *Abendzeitung* 12. 8. 1993.

Nawe, Günther: Waffen werden gegen Kokain getauscht, *Kölnische Rundschau* 8. 8. 1993.

O'Brien, Sean: A War Against Principle, *The Times Literary Supplement* 2. 7. 1993, S. 21.

Pomikalko, Ellen: Spannend und böse, *Brigitte* 1. 12. 1993.

Ratcliffe, Michael: Good Hearts, Angry Men, *The Observer* 27. 6. 1993, S. 61.

Remnick, David: Le Carré's New War, *New York Review of Books* 12. 8. 1993, S. 20–23.

Rubin, Merle: A Master of Spy Tales Uncovers a New Plot, *Christian Science Monitor* 30. 7. 1993.

Schranz, Peter: Mehr als Agentenspiele, *Berner Zeitung* 4. 9. 1993.

Schwartz, Gil: Clancy vs. Le Carré, *Fortune* 9. 8. 1993, S. 98.

Schwarzkopf, Dietrich: Playboy, Dame und Spion, *Deutsches Allgemeines Sonntagsblatt* 27. 8. 1993.

Srenk, Andreas: Die harten Männer auf ihren schroffen Felsen, *Die Welt* 28. 8. 1993.

Symons, Julian: Our Man in Zurich, *The New York Times Book Review* 27. 6. 1993.

Turbide, Diane: Cloak and Dagger, *Maclean's* 2. 8. 1993, S. 45.

Tuschick, Jamal: Großhändler des Todes, *Rheinischer Merkur* 27. 8. 1993.

Vogt, Jochen: Der Kapitalismus ist bloß übriggeblieben, *Freitag* 8. 10. 1993.

Vollmann, Rolf: Rote Papierlaterne, *Frankfurter Allgemeine Zeitung* 15. 1. 1993, S. L4.

Warren, Tim: Verrat ist ein Symbol unserer Gegenwart, *Die Welt* 16. 7. 1993.

Weiner, Tim: Le Carré on the Most Immoral Premise of All, *The New York Times* 8. 7. 1993

Wiese, Heidi: Spion in grenzenlosen Zeiten, *Westfalen-Blatt* 15. 10. 1993.

Wilke, Klaus: Abenteuerliche Jagd um die Welt, *Elbe-Elster-Rundschau/Lausitzer Rundschau* 6. 1. 1994

2.4.17 Rezensionen zu Unser Spiel

al: Wenn Ex-Spione moralisch werden, *Reutlinger General-Anzeiger* 17. 1. 1996.

Albers, Wolfgang: Ex-Agent Cranmer kriegt die Krise, *Südwest Presse* 19. 1. 1996.

Bachmann, Dieter: Jagend gejagter Jäger, *Die Weltwoche* 2. 11. 1995.

Baumann, Günther: Das bittere Scheitern des Spions, *Kurier* 29. 9. 1995.

Bengel, Michael: ›Die Welt ist ein von Wilden beherrschter Dschungel‹, *Badische Zeitung* 9./10. 9. 1995.

Bengel, Michael: Die köstliche Leichtigkeit des Erzählens, *Kölner Stadt-Anzeiger* 22. 9. 1995.

Birkenseer, Karl: Das Lied vom braven Mann, *Mittelbayerische Zeitung* 14./15. 10. 1995.

Brugger, Alfred: Im wilden Kaukasus, *Hessische/Niedersächsiche Allgemeine* 29. 9. 1995.

Busche, Jürgen: Spione im Ruhestand, *Süddeutsche Zeitung* 23./24. 9. 1995.

Chorherr, Thomas: Welches Spiel ist unser Spiel?, *Die Presse* 23. 9. 1995.

cid: Kabale, Liebe und Kalaschnikow, *Darmstädter Echo* 7. 9. 1995.

Demetz, Peter: Kaukasische Spiele, *Frankfurter Allgemeine Zeitung* 2. 9. 1995.

diri: Das Ende der Flucht in privates Glück, *Rhein-Main Presse* 9. 9. 1995.

Fries, Fritz Rudolf: Das Spiel geht weiter, *Focus* 30. 10. 1995.

Frommhold, Sven: Dilemma zwischen Gut und Böse, *Freie Presse* 6. 10. 1995.

Gerschewski, Horst: Vom Landhaus in den Kaukasus, *Kieler Nachrichten* 19. 10. 1995.

Gray, Paul: In from the Cold War, *TIME* 20. 3. 1995, S. 59.

H. H. G.: Emmas Fortgang, *Neue Osnabrücker Zeitung* 20. 4. 1996.

Hartmann, Horst: Ein Engländer auf Menschenjagd im Kaukasus, *Luxemburger Wort* 26. 10. 1995.

Hartmann, Horst: Humor angesichts einer aus den Fugen geratenen Welt, *Main-Echo* 7. 11. 1995.

Helmick, Kristiana: With Cold War Over, Le Carré Builds Plot Around Ethnic Tension, *Christian Science Monitor* 16. 3. 1995.

Hensher, Philip: A Fellow's Occupation's Gone, *The Spectator* 29. 4. 1995, S. 33f.

Kalender, Karl-Heinz: Alte Spione auf der Suche nach neuer Moral, *Westfälische Rundschau* 4. 9. 1995.

Kischke, Martina I.: Der Spion, der keine Ruhe fand, *Brigitte* 4. 10. 1995.

Klingenmaier, Thomas: Karussell des Schreckens, *Stuttgarter Zeitung* 1. 9. 1995.

Knicker, Jürgen: Le Carré spielt altes Spiel, *Münchener Tageblatt* 11. 11. 1995.

Kreitling, Holger: Doppelter Betrug, *Der Tagesspiegel* 17. 3. 1996.

Lejeune, Anthony: Books in Brief, *National Review* 15. 5. 1995, S. 73.

Maurer, Caro: ›Zu nichts bekehrt und ohne Glauben‹, *General-Anzeiger* 11. 10. 1995.

Menaud, Louis: Under Western Eyes, *New York Review of Books* 20. 4. 1995, S. 4f.

Mohr, Peter: Idealistisch weht die Freiheitsbrise, *Berliner Zeitung* 13. 10. 1995.

N. N.: Die Erben der Spione, *Oberpfälzischer Kurier* 30./31. 3. 1996.

N. N.: Le Carré: Der engagierte Spion, *Oberösterreichische Nachrichten* 10. 5. 1995.

O'Brien, Sean: Exercising Tradecraft, *The Times Literary Supplement* 12. 5. 1995, S. 19.

Pralle, Uwe: Der Kaukasus ruft, *Frankfurter Rundschau* 4. 1. 1996.

Prescott, Peter S.: A Spy Who Didn't Come in from the Cold War, *The Wall Street Journal* 3. 3. 1995.

Prokot, Gerd: Geniales Recycling für ausgemusterte Spione, *Neues Deutschland* 11. 10. 1995.

Ratcliffe, Michael: The Joe's Revenge, *The Observer* 30. 4. 1995.

Reed, J. D.: Pages, *People* 1. 5. 1995, S. 34.

Richter, Steffen: Inguschische Untreue, *Märkische Allgemeine* 6. 10. 1995.

Rottensteiner, Franz: John le Carré: ›Unser Spiel‹. In: Klaus Peter Walter (Hg.), Lexikon der Kriminalliteratur: Autoren, Werke, Themen, Aspekte, 14. Ergänzungslieferung, Meitingen: Corian, 1996, S. 1–3.

Rüger, Wolfgang: Spione – dringend gesucht, *Wochenpost* 12. 10. 1995.

S. R.: Ein schmutziges Spiel, *Playboy* September 1995.

sab: Le Carré läßt die Puppen tanzen, *Handelsblatt* 20./21. 10. 1995.

Scammell, Michael: Still Out in the Cold, *The New York Times Book Review* 26. 3. 1995.

Schwanitz, Dietrich: Ein britischer Bocksgesang, *Der Spiegel* 28. 8. 1995, S. 181–185.

Schwarzkopf, Dietrich: Kronjuwel auf Abwegen, *Das Sonntagsblatt* 20. 10. 1995.

Shapiro, Laura: Post Cold War Passions, *Newsweek* 6. 3. 1995, S. 67.

Tonkin, Boyd: Cash and Le Carré, *New Statesman & Society* 21. 5. 1995, S. 41.

Tschapke, Reinhard: Keine Freiheit ohne Kalaschnikow, *Die Welt* 2. 9. 1995.

Turbide, Diane: Russian Roulette, *Maclean's* 24. 4. 1995, S. 63.

UB: Kein Spiel für Romantiker, *Rheinischer Merkur* 1. 9. 1995.

Vogt, Jochen: Neues Spiel mit alten Karten, *Freitag* 13. 10. 1995.

Vogt, Werner: Endstation Tschetschenien, *Neue Zürcher Zeitung* 6. 4. 1995, S. 47

Wagner, Rainer: Das große Spiel der Verdächtigungen, *Hannoversche Allgemeine Zeitung* 2. 9. 1995.

Wagner, Rainer: Über Männer, die aus der Kälte kamen, *Die Rheinpfalz* 16. 2. 1996.

Wagner, Renate: Resümee der Schattenboxer, *Bayernkurier* 11. 11. 1995.

Warnhold, Birgit: Der Spion, der in den Kaukasus ging, *Berliner Morgenpost* 11. 10. 1995.

Wiese, Heidi: Gegen westliche Gleichgültigkeit, *Westfalen-Blatt* 10. 1. 1996.

zk: Von John le Carré könnte James Bond viel lernen, *Gießener Anzeiger* 3. 2. 1996.

2.4.18 Rezensionen zu Der Schneider von Panama

Abel, Reimund: Kanal-Arbeiter, *Heilbronner Stimme* 10. 1. 1998.

Allmaier, Michael: Spiegel der Geheimwelt, *Frankfurter Rundschau* 19. 6. 1998.

awl: Maßgeschneiderte Lebenslüge, *Grénespoun* 5. 9. 1997.

Barrow, Andrew: A Far Cry from Savile Row, *The Spectator* 19. 10. 1996, S. 53f.

Bengel, Michael: ›Ein Kittchen namens Panama‹, *Kölner Stadt-Anzeiger* 5. 9. 1997.

Berlins, Marcel: Cutting up Rough, *The Sunday Times* 6. 10. 1996.

Berndorf, Jacques: Mein Tip, *Wochenspiegel Bad Kreuznach/Bitburg/Cochem/Eifel/Wittlich* 10. 12. 1997.

Bittermann, Klaus: Unser Mann in Panama, *Junge Welt* 3. 9. 1997.

Bonnert, Gabriel: Schneider & Aufschneider, *Die Welt* 30. 8. 1997.

Brugger, Alfred: Harry, der Lügner, *Hessische/Niedersächsische Allgemeine* 22. 8. 1997.

Buch, Hans-Christoph: Die Welt ist eine handfeste Verschwörung, *Die Zeit* 19. 9. 1997.

Büker, Hubertus: Ein Lügner und Betrüger, dem das Gewissen schlägt, *Oldenburgische Volkszeitung* 11. 10. 1997.

Danziger, Jeff: Conspiracy Theory: Dressing Gossip Up Into Espionage, *Christian Science Monitor* 4. 11. 1996.

Endres, Elisabeth: Harry, der Lügner, *Süddeutsche Zeitung* 26. 8. 1997.

fra: Tapferes Schneiderlein, *Frankfurter Rundschau* 12. 5. 2001, S. 18.

Gerschewski, Horst: Alte Colonels, miese Parties, *Kieler Nachrichten* 20. 11. 1997.

Grasberger, Thomas: Maßanzug aus dunklen Kanälen, *Abendzeitung* (München) 30./31. 8. 1997.

Grimm, Horst H.: Das tapfere Schneiderlein, *General-Anzeiger* 15. 10. 1997.

Grimm, Horst H.: Von Greene inspiriert, *Badisches Tagblatt* 22. 10. 1997.

Henschel, Gerhard: Helden, linkisch und groß, *Berliner Zeitung* 6. 9. 1997.

Hintermeier, Hannes: Lügen in Überlänge, *Die Woche* 22. 8. 1997.

Hotz, Karl: Der Schneider bringt keine schlaflose Nacht, *Schaffhauser Nachrichten* 11. 10. 1997.

Kaindl, Dagmar: Agent und Sir, *News* (Wien) 13. 8. 1997.

Kalender, Karl-Heinz: Das Lügengewebe sieht aus wie die reine Wahrheit, *Westfälische Rundschau* 22. 10. 1997.

Klüger, Ruth: Feines Tuch, perfekte Lügen, *Der Spiegel* 8. 9. 1997, S. 212.

Knorr, Wolfram: Die Stunde der Komödianten, *Die Weltwoche* 4. 9. 1997.

Korzdörfer, Norbert: Der Spion, der mit der Schere kam, *Die Welt am Sonntag* 14. 9. 1997.

Krützfeldt, Lutz: Schwindler, Schöpfer, Mensch, Spion, *Neue Zürcher Zeitung* 25. 11. 1997.

Lejeune, Anthony: Thrilled, *National Review* 23. 12. 1996, S. 56.

Lenschow, Arnfried: Immer Ärger mit Harry, *Reutlinger General-Anzeiger* 15. 5. 1998.

Matthies, Bernd: Agent wider Willen, *Der Tagesspiegel* 14. 9. 1997.

Millar, Peter: A Tailor Tinkers in Greeneland, *The Times* 5. 10. 1996.

Millar, Peter: A Yuletide Feast of Intrigue and Espionage, *The Times* 6. 12. 1996.

Mohr, Peter: Der Spion geht in die Hitze, *Nürnberger Zeitung* 27. 12. 1997.

Mohr, Peter: Noch ein Spion aus der Kälte, *Rheinische Post* 27. 9. 1997.

Mohr, Peter: Unterm Panama-Hut hört der Geheimdienstler gut, *Mitteldeutsche Zeitung* 3. 2. 1998.

N. N.: The New Darkness, *The Economist* 7. 12. 1996, S. 3f.

N. N.: Ein Schneider soll die Kanalzone retten, *Dresdner Morgenpost* 26. 8. 1997.

N. N.: Frisches Futter für die Augen, *Stern* 16. 10. 1997.

Panic, Ira: Oh wie schön ist Panama, *Hamburger Morgenpost* 16./17. 8. 1997.

pcs: John le Carrés neueste Agenten spionieren am Panamakanal, *Berner Zeitung* 9. 8. 1997.

Philipp, Claus: Ein tapferes Schneiderlein beim Tanz auf dem Vulkan, *Der Standard* 29. 8. 1997.

Pollak, Anita: Unser Mann in Panama, *Kurier* 14. 9. 1997.

Raphael, Frederic: Gents' Suiting, *The Times Literary Supplement* 18. 10. 1996.

Rush, Norman: Spying and Lying, *The New York Times Book Review* 20. 10. 1996.

Sauer, Wolfgang: Neues vom alten Spionageroman, *Nordwest Zeitung* 14. 11. 1997.

Schwarzkopf, Dietrich: Unser Mann in P., *Das Sonntagsblatt* 20. 12. 1996.

Seiler, Christian: Wie im wirklichen Leben, *Profil* 25. 8. 1997.

Traue, Thomas: Kein Lügen-Spiel ohne einen Verlierer, *Mindener Tageblatt* 27. 11. 1997.

Tuschick, Jamal: Bezahlbare Träume, *Rheinischer Merkur* 15. 8. 1997.

Wagner, Rainer: Der Spion, der aus der Komik kommt, *Badische Zeitung* 25. 8. 1997.

Warnhold, Birgit: Machtpoker um den Kanal, *Berliner Morgenpost* 17. 8. 1997.

Wood, Michael: The Lying Game, *New York Review of Books* 28. 11. 1996, S. 16f.

Wörtche, Thomas: Ein schrecklich netter Kerl, *die tageszeitung* 23./24. 8. 1997.

Zeindler, Peter: Der Spieler oder Viel Lärm um nichts, *Tages-Anzeiger* 20. 8. 1997.

2.4.19 Rezensionen zu Single & Single

Amidon, Stephen: Death of the Spy, *The Sunday Times* 7. 2. 1999.

Bengel, Michael: Der Köder für die Bestie, *Kölner Stadt-Anzeiger* 1. 10. 1999.

Busche, Jürgen: Die Weltübel und die private Moral, *Badische Zeitung* 12. 5. 1999.

Chorherr, Thomas: Verloren im Labyrinth der Namen, *Die Presse* 24. 4. 1999.

DeHaven, Tom: Le Carré On, *Entertainment Weekly* 12. 3. 1999, S. 62f.

Ebel, Martin: Loyalität? Ist doch lächerlich!, *Die Welt* 30. 4./1. 5. 1999.

Falcke, Eberhard: Familienbetrieb im eiskalten Ostgeschäft, *Süddeutsche Zeitung* 8. 5. 1999, S. 17.

Gray, Paul: Corrupt Practices, *TIME* 29. 3. 1999, S. 145.

Hähnel, Herbert: Vom Verrat an allen und jedem, *Neue Osnabrücker Zeitung* 12. 6. 1999.

Helbling, Brigitte: Konzentriertes Thrillergericht, *Berliner Zeitung* 11. 9. 1999.

Hetzel, Peter M.: Wenn die Welt total aus den Fugen gerät, *Schweizer Illustrierte* 26. 4. 1999.

Ignatius, David: Spy for a New Millenium, *The Washington Monthly* May 1999, S. 48–50.

Kakutani, Michiko: Hero, Style and Subject Are Familiar, for a While, *The New York Times* 2. 3. 1999.

Kossak, Uwe: Im Namen des Vaters, *Suttgarter Zeitung* 18. 6. 1999.

Lejeune, Anthony: Daddy Dearest, *National Review* 22. 3. 1999, S. 55f.

Lewis, Michael: Spying With Interest, *The New York Times Book Review* 21. 3. 1999.

Loch, Harald: Wo Niedertracht regiert und Morde eine Kleinigkeit sind, *Saarbrücker Zeitung* 27. 4. 1999.

Mars-Jones, Adam: Blood is Thicker than Water – and twice as Messy, *The Observer* 14. 2. 1999.

Millar, Peter: Method Writing, *The Times* 5. 2. 1999.

Mohr, Peter: Das Blut des Tigers, *General-Anzeiger* 15./16. 5. 1999.

Mosebach, Martin: Es ist angerichtet, *Rheinischer Merkur* 16. 7. 1999.

Münder, Peter: Unter Finanzhaien, *Hamburger Abendblatt* 26. 5. 1999.

N. N.: John le Carrés neuer, spannender Roman, *Profil* 3. 5. 1999.

Nawe, Günter: Vater kämpft gegen den Sohn, *Kölnische Rundschau* 27. 8. 1999.

O'Nan, Stewart: Und für wen arbeiten Sie?, *Frankfurter Allgemeine Zeitung* 30. 11. 1999, S. L17.

Ratcliffe, Michael: Novel of the Week, *New Statesman & Society* 19. 2. 1999, S. 49.

Rottensteiner, Franz: John le Carré: ›Single & Single‹. In: Klaus Peter Walter (Hg.), Lexikon der Kriminalliteratur: Autoren, Werke, Themen, Aspekte, 30. Ergänzungslieferung, Meitingen: Corian, 2000, S. 1–3.

Rumler, Fritz: Herz der Finsternis, *Der Spiegel* 3. 5. 1999.

Steinberg, Sybil S.: Fiction, *Publishers Weekly* 14. 12. 1998, S. 54.

Taylor, D. J.: Agents of Evil, *The Guardian* 20. 2. 1999.

Tuschik, Jamal: Blut verkaufen, nicht vergießen, *Rheinischer Merkur* 23. 4. 1999.

Warnhold, Birgit: Schuldlos schuldig, *Berliner Morgenpost* 2. 5. 1999.

Warshaw, Justin: A Chip off the Old Block, *The Times Literary Supplement* 26. 2. 1999.

Wilson-Smith, Anthony: Sins of the Fathers, *Maclean's* 5. 4. 1999, S. 55.

Wittstock, Uwe: Alles ist ein Thriller, *Profil* 3. 5. 1999, S. 180–183.

Wittstock, Uwe: Den Vater verraten – und retten, *Focus* 26. 4. 1999.

Wolffheim, Franziska: Money, Money, *Brigitte* 5. 5. 1999.

Wörtche, Thomas: Menschenblut ist Handelsware, *die tageszeitung* 29. 5. 1999, S. 15.

Yarde-Buller, Benjamin: Coming out of Hiding, *The Spectator* 13. 2. 1999, S. 30.

2.4.20 Rezensionen zu Sarratt and the Draper of Watford

Lord, Graham: In Darkest Hertfordshire, *The Spectator* 4. 12. 1999, S. 53.

2.4.21 Rezensionen zu Der ewige Gärtner

Albers, Wolfgang: Diplomat auf Schnitzeljagd, *Südwest Presse* 26. 5. 2001.

are: Langsamer Thrill, *Neue Luzerner Zeitung* 24. 4. 2001.

Bittner, Helga: Die Rache des Diplomaten, *Rheinische Post* 6. 4. 2001.

Brand, Jobst-Ulrich: Killer im weißen Kittel, *Focus* 26. 3. 2001, S. 164f.

Britsch, Eckhard: Der Mann, der auf die Sparrenburg kam, *Neue Westfälische – Bielefelder Tageblatt* 21. 3. 2001.

Buchholz, Helmut: Der Spion kommt nicht aus der Kälte, *Heilbronner Stimme* 9. 6. 2001.

Busche, Jürgen: Eine unheimliche Frontlinie, *Badische Zeitung* 27. 3. 2001.

Buzas, Meinhard: Moralphilosoph der Spannungsliteratur, *Kultur Nachrichten* 21. 3. 2001.

Charles, Ron: Le Carré to Drug Companies: Heal Thyself, *Christian Science Monitor* 7. 12. 2000.

Chorherr, Thomas: Der Gärtner wird Jäger, *Die Presse* 24./25. 3. 2001.

Drews, Jürgen: Tödliche Nebenwirkung, *Die Weltwoche* 8. 2. 2001, S. 30.

Dugdale, John: I'm a Madeira Cake, *New Statesman & Society* 8. 1. 2001, S. 41.

E. S.: Tödliche Medizin, *Salzburger Volkszeitung* 25. 6. 2001.

Eckes, Birgit: Bittere Pillen aus dem Westen, *Kölnische Rundschau* 19. 6. 2001.

Falcke, Eberhard: Liebesgrüße aus Nairobi, *Süddeutsche Zeitung* 26. 3. 2001, S. 17.

Foden, Giles: In the Garden of Good and Evil, *The Guardian* 11. 1. 2001.

Gallasch, Walter: Mörderische Multis, *Nürnberger Nachrichten* 11. 4. 2001.

Geling, Markus: Medikament mit Nebenwirkungen, *Recklinghäuser Zeitung* 7. 6. 2001.

Goodman, Walter: Le Carré Seduced, *The New Leader* Nov./Dez. 2000, S. 41f.

Hartley, Aidan: Plods, Hacks and Drugs, *The Spectator* 6. 1. 2001.

Heidecke, Gerd: Ein Skandal wird nicht aufgedeckt, *Westfälische Allgemeine* Zeitung 23. 5. 2001.

Heinrich, Michael: Profit ist der Götze der Groß-Konzerne, *Abendzeitung* 22. 3. 2001.

Herting-Gerhold, Barbara: Gefährliche Suche, *Westfälische Nachrichten* 10. 10. 2001.

Hess, Günter: Hinter den Kulissen der Pharma-Riesen, *Südwest Presse* 18. 10. 2001.

Hetzel, Peter M.: Wenn Multis dem Teufel die Arbeit abnehmen, *Schweizer Illustrierte* 26. 3. 2001.

hg: Im Morden das Beste, *Kieler Nachrichten* 30. 4. 2001.

Hochstein, Hartwig: Literarische Blüten mit Nebenwirkungen, *Leipziger Volkszeitung* 19. 4. 2001.

Howald, Stefan: Die Schweizer als grosse Bösewichte, *Zürcher Tagesanzeiger* 11. 4. 2001.

Ingendaay, Paul: Das Böse blüht nicht nur in Bielefeld, *Frankfurter Allgemeine Zeitung* 28. 4. 2001.

Jäger, Monika: Spannender, engagierter Thriller, *Mindener Tageblatt* 31. 8. 2001.

John, Harald: Ein Samariter im Pharma-Krieg, *Neue Presse* 18. 5. 2001.

Kakutani, Michiko: A Murder in Kenya, then a Search for the Back Story, *The New York Times* 22. 12. 2000, S. E55.

Kalender, Karl-Heinz: Pharma-Skandal mit tödlicher Nebenwirkung, *Westfälische Rundschau* 11. 4. 2001.

Knorr, Wolfgang: Bornierte Brut, *Profil* 23. 4. 2001, S. 154f.

Kossack, Uwe: Der gute Justin, *Stuttgarter Zeitung* 18. 5. 2001.

Kossack, Uwe: Die Wandlungen eines Weicheis, *Unterhaardter Rundschau* 22. 9. 2001.

Kossack, Uwe: Die Wandlungen eines Weicheis, *Westricher Rundschau* 10. 10. 2001.

Lachmund, Horst: Die nicht wegsehen wollen, *Trierischer Volksfreund* 23. 11. 2001.

Löffler, Sigrid: Die Welt der weichgesottenen Schurken, *Literaturen* 5/2001.

Luyken, Reiner: Mord am Ufer des Turkanasees, *Die Zeit* 5. 4. 2001,

Mantel, Hilary: The Devil's Playground, *New York Review of Books* 19. 7. 2001, S. 20–24.

Martenstein, Harald: Pharma-Fama, *Der Tagesspiegel* 29. 7. 2001.

Minzesheimer, Bob: Le Carré's ›Gardener‹ Reaps Bitter Fruits of Capitalism, *USA Today* 14. 12. 2000.

Mohr, Peter: Der Gärtner, *Ostthüringer Zeitung* 26. 6. 2001.

Mohr, Peter: John le Carré rüttelt auf, *Augsburger Allgemeine* 4. 4. 2001.

Mohr, Peter: Korrupte Männer, starke Frauen, *General-Anzeiger* 21./22. 4. 2001.

Mohr, Peter: Pharma-Dschungel, *Cannstatter Zeitung/Esslinger Zeitung/Untertürkheimer Zeitung* 14. 4. 2001.

Mohr, Peter: Spannende Nebenwirkung, *Mannheimer Morgen* 5. 4. 2001.

Mohr, Peter: Spannung mit Nebenwirkungen, *Saarbrücker Zeitung* 5. 4. 2001.

Mohr, Peter: Spannung und Nebenwirkungen, *Aargauer Zeitung* 27. 6. 2001.

Motluk, Alison: A Very Modern Murder, *New Scientist* 27. 1. 2001, S. 47.

Muggenthaler, Christian: Die Banalität des Bösen, *Landshuter Zeitung* 21. 4. 2001.

N. N.: Cloak and Secateurs, *The Economist* 6. 1. 2001, S. 80.

N. N.: Tödliche Dosis. *Freundin* 4. 7. 2001.

N. N.: Der ewige Beststeller, *Niederösterreichische Nachrichten* 18. 4. 2001.

N. N.: Geheimnisvolle Tote, *spots* 18. 10. 2001.

N. N.: Mit Le Carré nach Nairobi, *Elmshorner Nachrichten* 26. 4. 2001.

N. N.: Mord am Turkana-See, *Journal für die Frau* 8. 8. 2001.

N. N.: Spannende Mischung, *Alfelder Zeitung* 26. 3. 2001.

N. N.: Tödliche Nebenwirkungen, *Tomorrow* 26. 4. 2001.

N. N.: Weihnachtsskandal, *Die Welt* 23. 12. 2000.

Neumann, Gabi: Im Dschungel ist der Mörder nicht immer der Gärtner, *Oberhessische Presse* 19. 7. 2001.

O'Brien, Sean: A Fate far Worse than Death, *The Times Literary Supplement* 5. 1. 2001.

old: Durchsichtige Thriller und subtile Spannung, *Freie Presse* 20. 4. 2001.

p. a.: Tod in Afrika, *Tiroler Tageszeitung* 28./29. 4. 2001.

P. M.: Risiken und Nebenwirkungen, *Hamburger Abendblatt* 21./22. 4. 2001.

Paniæ, Ira: Perfekte Ruhestörung, *Hamburger Morgenpost* 26. 4. 2001.

Petschull, Jürgen: Wo Liebe ist, gibt es Verrat, *Stern* 22. 3. 2001.

Pfäfflin, Sandra: Die Macht des Geldes, *Pforzheimer Zeitung* 25. 5. 2001.

Philipp, Claus: Der Autor als ewiger Spion, *Der Standard* 7. 4. 2001.

Richards Cooper, Rand: Company Man, *The New York Times Book Review* 7. 1. 2001, S. 10.

Rönsch, Rainer: Im Sumpf der Pharmazie, *Sächsische Zeitung* 21. 4. 2001.

rp: Pharmariesen experimentieren, *Facts* 29. 3. 2001.

Rumler, Fritz: Im Herz der Finsternis, *Der Spiegel* 2. 4. 2001.

Schirmer, R.: Von den Extremen des menschlichen Wesens, *Elbe-Elster-Rundschau/Lausitzer Rundschau* 14. 4. 2001.

Seitz, Raymond: New Fires Burn in Master of Restraint, *The Times* 20. 12. 2000.

Sharp, David: A Dark Novel from the Dark Continent, *The Lancet* 13. 1. 2002, S. 154.

Smith, Patrick: Le Carré Takes on a New Evil Empire, *Business Week* 25. 12. 2000/1. 1. 2001, S. 30f.

Stern, Friedrich G.: Agent wider Willen, *Neue Zeit* 26. 5. 2001.

Stienecke, Manfred: Schmerzhafter Denkzettel nach Treff an Sparrenburg, *Westfalen-Blatt* 17. 5. 2001.

Sutherland, John: This Time It's Personal, *The Sunday Times* 17. 12. 2000.

Türk, Joachim: Die Wirklichkeit ist noch viel schlimmer, *Mainzer Rhein-Zeitung* 5. 6. 2001.

Türk, Joachim: Die Wirklichkeit ist noch viel schlimmer, *Nahe-Zeitung* 11. 6. 2001.

Türk, Joachim: Die Wirklichkeit ist noch viel schlimmer, *Rhein-Zeitung* 2. 6. 2001.

Wagner, Rainer: Tod in Afrika, *Hannoversche Zeitung* 27. 3. 2001.

Wagner, Rainer: Tod in Afrika, *Walsroder Zeitung* 16. 5. 2001.

Weber, Andreas: Medikamenten-Dschungel, *Remscheider General-Anzeiger* 9. 6. 2001.

Werber, Niels: Im pharmazeutischen Dschungel, *die tageszeitung* 5./6. 2001.

Willauer, Hans: Ein heißes Eisen, *Südkurier* 12./13. 4. 2001.

Willer, Monika: Sumpf der Korruption, *Iserlohner Kreisanzeiger/Iserlohner Zeitung/Westfalenpost* 12. 4. 2001.

Wittstock, Uwe: Fabelhaft schön, fabelhaft reich, *Die Welt* 14. 4. 2001.

Wörtche, Thomas: Ätzende Lektion, *Die Woche* 12. 4. 2001.

Zastrow, Michael: Das Übermächtige und Böse, *Harburger Anzeigen und Nachrichten* 28. 4. 2001.

3. Filmografie

3.1 Spielfilme

The Spy Who Came in from the Cold / Der Spion, der aus der Kälte kam
1965, Regie: Martin Ritt

The Deadly Affair / Anruf für einen Toten
1967, Regie: Sidney Lumet

The Looking Glass War / Krieg im Spiegel
1970, Regie: Frank Pierson

The Little Drummer Girl / Die Libelle
1984, Regie: George Roy Hill
[John le Carré in einer Cameo-Rolle]

The Russia House / Das Russland-Haus
1990, Regie: Fred Schepisi

The Tailor of Panama / Der Schneider von Panama
2001, Regie: John Boorman

3.2 TV-Filme

A Murder of Quality / Der Mörder mit den Silberflügeln
1991, Regie: Gavin Millar

3.3 TV-Mini-Serien

Tinker, Tailor, Soldier, Spy / Dame, König, As, Spion
1979, Regie: John Irvin

Smiley's People / Agent in eigener Sache
1981, Regie: Simon Langton

A Perfect Spy / Ein blendender Spion
1987, Regie: Peter Smith

English Abstract

Jost Hindersmann: JOHN LE CARRÉ. THE SPY WHO BECAME A WRITER. PORTRAIT AND BIBLIOGRAPHY. Bibliography in cooperation with Thomas Przybilka.

John le Carré is the world's best known author of spy novels. Not only he tops the bestseller lists but has also received widespread critical acclaim from reviewers and scholars alike. This book intends to give an overview of his life and work and to discuss the major topics of his novels.

David Cornwell, as is Le Carré's real name, spent his childhood under the influence of his father Ronnie, a con man, who employed David in his various criminal activities. David considered this the first step in his career as a spy and has written about his complex relationship to his father ever since. He studied at Berne and Oxford, taught at Eton and finally joined the British Foreign Service. He has admitted that he also worked for both MI5 and MI6 during that period. As he wrote his first novel while employed by the Foreign Office, he had to adopt a nom de plume and chose »John le Carré«. He pretends he does not know where the name has come from, he just wanted a name which sounds interesting. After the success of his third novel THE SPY WHO CAME IN FROM THE COLD he quit his job and became a full-time writer. So far he has published 18 novels and some short fiction.

A major theme in Le Carré's novels is the conflict between an individual and an institution. Le Carré's spies are often lonely isolated men who turn to an institution in search of love and faith. The institution, however, takes decisions according to rational aspects only and has no scruples in sacrificing its own agents.

Le Carré also comments extensively on the state of British society. He uses the secret service in his novels as a microcosm for England. He criticizes the establishment for not being flexible enough to adapt to the new post-war realities. This longing for the old days of the Empire can lead to failure or even betrayal.

With regard to the Cold War, Le Carré has repeatedly stated that the West has the right to combat communism but he wonders whether the end justifies the means. In the struggle against communism the West sometimes sacrifices the individual to defend the individual's right against the collective. Le Carré fears that the West uses methods in defence of our society which may lead to a society which is not worth defending.

It is discussed how realistic and authentic his spy novels are regarding real-life models of Le Carré's characters and the spy jargon he uses.

With the thawing of the Cold War and Gorbachev's new politics of glasnost and perestroika, Le Carré called upon the West to help the Sowjets with their reforms. He feared that the West had defined itself too long in terms of its opposition to the East and that now the West would face an identity crisis. Especially the spies would not welcome the new entente, because the cold war legitimised their existence.

After the end of the Cold War spy novelists generally fell on hard times. Sale figures declined and some juggernauts of spy fiction made long pauses or turned to other genres. Le Carré is the one who adapted best to the new situation. His post-Cold-War-novels are marked by continuity and change at the same time. On the one hand he has chosen new settings (e. g. Panama, the Caucasus, Africa) and taken on new evil empires (esp. capitalists run amok). On the other hand he still writes about his old topics like complex father-son-relationships or men who follow their own ideals and thus get in conflict with their organization. Just like he criticized the Western politics during the Cold War, he now criticizes the Western politics after the end of the Cold War. He believes that the West has betrayed the ideals it had fought for and that the peace has been wasted.

The second part of the book consists of a structured bibliography listing Le Carré's primary publications, more than 1.000 items of secondary literature, and the film versions of his novels.

Die Deutsche Bibliothek – CIP-Einheitsaufnahme

Hindersmann, Jost:
John Le Carré. Der Spion, der zum Schriftsteller wurde : Portrait und Bibliografie / Jost Hindersmann. Bibliogr. unter Mitarb. von Thomas Przybilka. – Wuppertal : Nordpark-Verl., 2002
(KrimiKritik ; Bd. 2)
ISBN 3-935421-12-5

Originalausgabe
November 2002

Gestaltung: MCG, Berlin/Luzern
Fotografien: Burkhard Peter, Berlin (3, Berliner Mauer);
Daniel Schwartz/Lookat (John le Carré an der Glienecker Brücke)
Druck und Bindung: BoD, Norderstedt
ISBN 3-935421-12-5
NordPark Verlag · Klingelholl 53 · D 42281 Wuppertal
www.nordpark-verlag.de & *www.alligatorpapiere.de*